SOCIÓPATAS

DE

CERCANÍAS

Preciada Azancot

Título Original:
SOCIÓPATAS DE CERCANÍAS

Editado por: Tulga3000 Editores, S.L. –
www.tulga3000.com

© 2007-2016 Preciada Azancot
© 2016 de la presente edición Tulga3000 Editores,
S.L.

Portada y dibujos interiores: Fotografías de OLEO
de Preciada Azancot

Diseño, maquetación y cubierta: Antonio Gálvez

ISBN-13: 978-1530701346

ISBN-10: 1530701341

Otros títulos editados por Tulga3000 Editores :

COLECCIÓN LA CIENCIA:

"El Esplendor de lo Humano"
"El Dirigente Civilizador"
"El Estratega Pacificador"
"Metametodología MAT de la Innovación y de la Creación"
"Librarse de las enfermedades y de paso, aterrizar en la sensatez"

COLECCIÓN EMOCIONAL:

"El Universo de la Seguridad: Haciendo Retroceder el Temor"
"El Universo del Desarrollo: Eliminando el Dolor"
"El Universo de la Justicia: Erradicando la Ira"
"El Universo del Estatus: Conquistando el Orgullo"
"El Universo de la Pertenencia: Obteniendo el Amor"
"El Universo de la Plenitud: Instalándose en la Alegría"

CUENTOS:

"La niña que hacía reír a Dios"
"Cuentos de la abuela"

COLECCIÓN DIÁLOGOS:

"Sí me indigno, ¿Y ahora qué?"
"Un cielo de andar por casa, en cada fase de nuestra vida. Parte primera".
Ambos escritos junto con Antonio Gálvez.

Los quince de Preciada Azancot.

"La vida que naciste para vivir", de Juan Manuel Soto

Obras de Preciada Azancot en francés:

"La petite fille qui faisait rire Dieu"
"Le point zéro: MAT, Métamodèlle d'Analyse Transformationnelle"

Obras de Preciada Azancot en inglés:

"The Little girl who made God laugh"
"The Universe of Safety: Making fear retreat"
"The Splendour of the Human Being"
"Yes, I'm outraged. Now what?"

Todos estos títulos puede adquirirlos en Amazon y directamente en nuestra Web – www.tulga3000.com – tanto en formato papel como en formato e-book.

SOCIÓPATAS

DE

CERCANÍAS

Preciada Azancot

Para los casi tres mil alumnos que formé
al MAT
y para todas las víctimas calladas que no
atinan
a entender la gratuidad y la necedad
del mal.

Para mis cinco nietos, Lea, Paul, Miriam,
Liora
y Elliott, esta linterna-microscopio que
los protegerá de las
tinieblas de la necedad.

INDICE

-1-

El mal, invento del necio

Y, ciertamente, era

lo único

que   pudiera

inventar.

Mas invento

nunca fue

creación.

Antes bien,

elucubración.

No existe nadie en la Creación

en todo tiempo y

        lugar

que pueda, con fundamento y no por terror

negar que el mal existe

que hay hombres que matan y mujeres que

engañan

y niños que maquinan en cómo ser perversos

y en para qué serlo.

Muchos sabios

al menos por ello los tenían

dijeron que el mal era

al fin y al cabo

        falta de información.

El amigo de todos y sabio primerizo

de nombre Sócrates decía, aún con el vaso

de cicuta en la mano,

que el mal era tan sólo falta de educación.

Mas si así lo fuera no habría jamás

doctores de la ley en bandos de los nazis

ni crimen ni violación ni profanación misma ni

impía usurpación que viniera de alguien que

oído

hablar hubiera de castigo ante el crimen

ni de Eva y Adán.

Hay padres muy soberbios que afirman

solemnes

que de mala simiente proceden malos frutos

y que de sus tesoros, me refiero a sus genes

nada malo

cabe

                    esperarse

y olvidan de pronto que nuestro Adán procede

de mismísimas manos, con soplo incluido

del Creador más alto

                    y de Caín abuelo.

Y que su esposa Eva a más de tan glorioso

patrimonio de origen, blasón inigualado,

proviene de costilla por Dios mismo creada

y no sólo semen ciego

buscándose la vida en competencia alta

como somos

                    nosotros.

Y no por pavoroso nos podemos negar

buscar con afán siempre alta seguridad

pues ¿quién podría dormir sobre sus dos orejas

cerca del mismísimo Jack, siempre Destripador

y soñar con vacaciones cercanas y remotas

y con la fabadita que probar se propone

en dulce compañía de novia enamorada?

Y, si hubiera forma, certera y de justicia

de detectar por siempre, y con férrea ciencia

el mal en cuanto asoma narices sin sonar,

y que se esté de vuelta antes de que éste arranque

a considerar siempre que es más listo que Dios,

¿quién no se apuntaría a saber de la misa el entero?

No tú, lector amado, presto a descubrir

como en una novela, aunque también en versos

la trama original de toda fechoría y el modo de empleo

de cómo detectar

también discriminar

lo malo de lo bueno

en la anti-saga del mal.

Mas para eso,

también necesitaras

al menos tres deseos vueltos realidad

ante todo la ciencia rigurosa y precisa

que te impida caer en formular tus juicios

en vez de establecer diagnósticos bien sabios.

Y, por ello

esperanzadores.

En segundo lugar, tener un buen espejo

que devolver te pueda reflejo de ti mismo.

Y para terminar y es lo más importante

falta tu decisión de tener el valor

de aceptar

        con alegría y plena

todita la verdad pues la verdad libera

y te abrirá siempre alta seguridad.

Yo me ocupo de ciencia y también de pulir

el espejo más fino en el que sin demora

                los verás

reflejados en todos sus detalles

y dejo a tu criterio el aceptar o no

dictamen de tu espejo.

Pues abuela enseñome que en

estas latitudes y para volar alto

cada palo debía aguantar su vela

y así bella regata nos llevaría a todos

y a más de seguros, siempre en armonía.

Y decidme amigos, antes de comenzar

¿cómo calificarais a alguien que hambre tiene

y es introducido en la bella cocina del mejor

cocinero de toda la humanidad

y éste le ofreciera los siguientes manjares:

crujiente pan de hogaza y jamón pata negra

con un vino glorioso. Mas el protagonista

prefiriera tragar la harina muy cruda, mascar

la levadura, machacar uvas negras con grandes

puñetazos y después sacudirse y dar saltos

mortales asegurando siempre que así sacaría

de sí mejor invento que el de anfitrión

a quién, para más señas, propinaría insultos

hasta más no poder, antes de ir a meterse

en el horno para allí cocinar sus inventos

a más doscientos grados? ¿Diríais de él, amigos

que es genio insuperable y, del todo seguro,

precursor indudable de manjares de dioses?

¡Un mono loco! diría con desdén

un ignorante más que se las dé de listo.

Hermano, por favor, no insultes dignidad

de este mono amigo, al menos ante mí.

¿Un demente, diríais? Entonces si es así

¿por qué entre nosotros vive como un rey

y a todos da lecciones, tópicas es verdad,

de cómo ser un ídolo, de sí mismo primero

y luego de sus tristes y

                    desnortados

esposos

          vástagos

                    y amigos?

Pues vive entre nosotros con

toda impunidad. Y sólo los que fracasan

se resignan a mostrar sus designios primeros

con estafas pasmantes, viles asesinatos y

misas negras de sectas plagadas de sus brujas.

Estos seres terribles los dejaré, por no

presentar

complejidad alguna,

a serios policías que se juegan la vida con tal

de que durmamos en paz ¿en paz? ¿y cómo?

Hay diez sociópatas y de guantes muy blancos,

en todas nuestras más sagradas instituciones,

sí, también en nuestras camas y en nuestros

domingos de paellas familiares y en nuestras

escuelas, también en hospitales. Cuidándose.

Pues siempre

que encuentre carne

        fresca e inocente y

sangre que chupar

allí estará él, hábil en transformarnos

nuestro miedo en amor, salvador es verdad,

y la rabia en culpa ante ese santurrón

que el gran ya Molière vio en su Tartufo

y que nadie es capaz de ver en su entorno,

sólo en casa ajena. Mejor en cercanías;

que es dónde lo pusimos. Por ahora.

-2-

Génesis del Portento: Magnetizador, el

primogénito

Nosotros, los mortales

venimos a este mundo como Dios nos creó.

Y pronto descubrimos

que tenemos, y todos -pan debajo del brazo-,

seis estructuras o palacios

es igual

hábiles en ofrecernos

alta seguridad

desarrollo incesante

justicia unánime y culta

estatus de los genios

pertenencia en el alma

plenitud inmanente

que se hace inmortal

pero también astral

en su metamorfosis que en eternidad

apunta ubicuidad

para ser infinitos.

Y también descubrimos

que tenemos un Centro

reservado al Altísimo

para hacernos más altos,

y

que nunca ocupará

porque nos creó libres

y completos.

Y que ese Centro

es sólo chimenea para un

Papá tan bueno que hace

de cada día eterna Navidad

y nos tira regalos sin pedir

ni las gracias.

Necio sería aquél que obstruya dicha

chimenea con zapato

con tal de esperar todo

de alta destrucción

de todo lo que no es él

y su locura.

Y también descubrimos que

basta ya de guerras por energías

fósiles

porque tenemos, todos, seis tipos

de energías, muy especializadas

e innatas por siempre, que nos

hacen seguros, y muy desarrollados

y justos para vida, y creadores siempre,

solidarios también e interdependientes

para plenitud toda en espiritualidad

libre e inocente. Y estas energías

se llaman desde siempre, y en su orden

justo, miedo, tristeza, rabia,

orgullo, amor y al fin alegría.

Y también descubrimos sin no muchos

esfuerzos que esta ingeniería que jamás

en la NASA osarán imitar, tiene y seis

también, antenas y muy fuertes

para emitir señales y recibirlas cabe

del entorno cercano y entender hermano.

Y estas son, y en orden, tacto, oído, olfato,

gusto, vista y sexo –pues es sentido, sí,

y el más afinado-.

(Y si os preguntáis cómo con tal portento

no logramos jamás, o casi, felicidad suprema

podéis ir de este paso haceros muy amigos

de Pedro, Maite, Eva, Eduardo o de Roberto

que junto a su Preciada os sacarán de dudas

en los seis recorridos (*) que todos esperáis

de sus manos dichosas conquistar plenamente.

Pues este no es nuestro tema. Hoy al menos.)

Pero a él,

      el malo,

y desde chico, sólo le

interesó y con maníaca saña

ese Centro Vacío que anheló ocupar

por ahora y por siempre. Por ello

es inmortal

pues y para morirnos, hemos de estar vivos

y él sólo está muerto. Por ende, llega allí

y allí se instala, creyendo, insensato,

que al usurpar el trono ya rey se hizo al fin

y viendo seis palacios con sus seis energías

y seis antenas finas, les grita "¡de rodillas

y por siempre jamás, pues ya os sometí!" y,

como así lo cree suma 6, 6 y 6 y como

tampoco sabe El NOMBRE de su Creador

Dios, se llama, así de simple: 666 − 1

pues ese detallito habíase escapado

a teólogos duchos.

Mas no termina aquí, sino que sólo empieza,

delirio sin final ni tregua mismamente,

la andadura errática, más aún, delirante

de ese necio al fin. Y veamos:

Todo empieza de modo en verdad coherente.

Sin narcisismo, y supino, nadie puede creerse

el centro de su mundo, su origen y meta.

Eso ya evidencia grado de estupidez, y gorda

cual el que por plato de lentejas, y si bien de

verdad

hecho por su mamá, por egregio derecho de

su progenitura de rey y celestial

cambió sin más dudarlo. Así, cambiar la dicha

de amar al amado por el de emborracharlo

para que por uno, delire sin final, equivale

a lo mismo. Quien puede eso hacer, es más

que evidente, jamás de los jamases estuvo

enamorado. Y así, por lo tanto, tampoco inspirar

puede un amor verdadero, ni a su fiel amigo

ni de madre, ni padre, mucho menos de

amante.

Así, el narcisista jamás lo hubiera sido

si hubiera tenido una sola neurona

triste de así perderse o muy inconsolable

para pensar en serio que vida sin amar

nunca será vivida y ojos que no lloran

y jamás se arrepienten de haber hecho sufrir

son dardos venenosos que fulminan celosos

la vida misma nunca jamás vivida.

Pues este, decide y libremente

desenchufar de plano todo

lo que, con narcisismo vocacional

esté ya divorciado: amar a otro

más que a sí o al menos igual

y sufrir por pérdidas del bienestar

de otro. Y se dice, ufano: "el amar

es de tontos y también el sufrir

que es sólo necedad". Pero como

naturaleza detesta el vacío

rápido él reemplaza el amor

por soberbia y la tristeza de

sufrir por orgullo de causar

en otro, sufrimiento: lo que llama

poder. Y va haciendo

pinitos hasta así convertirse en

vil especialista de desnortar

espíritus pasmados incrédulos

también de admitir tal necedad

en un humano.

Más ese ente, que jamás ser, ya que

amputado de dos dimensiones suyas

se convirtió en serpiente y muy acusadora

ya que pronto aprendió de sociópata otro

que la mejor defensa es un ataque.

Así que

cada vez que frente a otro está, lo culpa de

lo suyo y rápido introyecta en sí al ser del otro

al que bautiza "yo". Con lo cual, dice y muy

serio si cabe, que el otro es él y él es sólo el

otro.

"Yo soy tú, dice a su víctima pasmada y tú eres

yo" y os doy un ejemplo. Pongamos, por poner

uno bien sencillito que hasta a cualquier

infante lo pueda hacer reír: aquí está nuestro

hombre en un salón bonito donde ve un
jarrón
que no puede admitir posea su amigo, sólo
por ser bonito. Pues él sin gusto ciertamente
jamás se habría fijado en tamaña lindeza
puesta en una tienda. Pues amar hubiera sido
en verdad necesario para así valorarlo y decidir
comprarlo para cuidar de él y admirarlo a él
en vez de a sí mismo. Así que nuestro hombre
con andar serpentino –pues tal falta de
hombría
ondula hasta al más recio- se acerca al jarrón
y dice al amigo: "No me has felicitado por el
jarrón precioso que puse para ti en mi salón,
hermano. Y ya que no te gusta, por ti a quien
más quiero, por ti lo sacrifico". Y lo coge en sus

manos y lo estampa al suelo. Y dice acto

seguido

fingiendo desconsuelo "¿Por qué lo has tirado

si me gustaba mucho? ¡Más no importa nada,

te amo y te perdono!"¿Qué pasa entonces

en la triste −ella sí- cabeza de su anfitrión y

amigo? La cosa es muy sencilla y simple entre

lo simple y es que es evidente: como loco no

está,

creer no se lo puede. Puesto que nada cuadra.

Y ya que no lo hace tampoco nos dirá: "¡pero

qué dice

ese! ¡si el jarrón es mío! ¡Y cuidado y amado,

por mí

naturalmente! ¡Fue él quien usurpó mi

nombre y

me dio el suyo! ¡Fue él quien se acercó, y luego me

acusó de a él estar haciendo lo que sólo en verdad

ese tramposo y enloquecedor pretende hacerme creer

que yo he hecho a él! ¡Y hasta me perdona por ello!"

No, nuestro anfitrión, él sí amigo, enloquecerá

momentáneamente, y pronto aceptará, por puro

raciocinio, que imposible es que otro sea tan malo

pues si le dice "amigo" es que en verdad lo es

así que cargará con ello, prefiriéndose verse malo

antes que loco. Con lo cual, el Magnetizador se

llama,

ya que magnetiza las agujas de brújula

interior,

sabe que puede, e impunemente, repetir su

hazaña

ya que su víctima elegida

en verdad mal elección ha hecho

pues es mejor, amigos, ser loco antes que

malo.

Y esta es la historia de cómo convertirse

en malo profesional y muy especialista

que puesto que taponando al Centro

y desconectadas quiere ya para siempre

dos energías altas ya mira a sus modelos

al fondo del infierno que se fabricó solo

en vez de cual nosotros mirar al cielo hacemos.

Pues maestros,

Suyos,

y por él admirados, hay aún nueve más

y cada vez más malos.

Pues Magnetizador aunque súper dañino

también llamar hacemos TONTO ESFÉRICO

ya que como es normal, se vea por donde se

vea

es igualmente tonto. Y todo su falso orgullo

y muy determinado lo pone en conservarse

tal cual y empeorando.

-3-

Asesinador en oferta

Magnetizador dijimos es el primero

y ese inventor, en vez

de cobrar

paga el royaltie

a otro.

Al que lo sigue

lo que en idioma de esos significa

siempre

más necio que él,

así pues,

su maestro.

A este lo llamamos el

Asesinador cual

        Asesino en Serie

nombre que a él le encanta

pues él, en su anagrama

quiere leerlo AS

y de bastos, sí, claro,

porque fino no es

todo hay que decirlo.

Y es que este añade

a la desconexión de

        amor

           y de tristeza

dos más y no menores

que son y para siempre

        orgullo

y miedo

juntos. Pues el orgullo sirve

cuando es muy auténtico

sólo para admirar y

por ende crear y crecer ciertamente

y el miedo nos hace el no dañar lo vivo

ni integridad nunca amenazar siquiera.

Pero como los dos primeros, el amor y tristeza

nos sirven, y como viga, de lo humano certero,

pues corazón es y sensibilidad,

Magnetizador dijo "yo de humano nada

pues dije que dios soy. Y yo pongo este

punto.".

Y en su narcisismo abajo echó la viga.

Y contento de sí sonrió al espejo

con dientes de lobo sí y muy crecidos.

Y vino el segundo y pensó -bueno

esto es incierto pues sin tristeza

se van los pensamientos en humo

obsesivo que es maquinación-.

Maquinó pues manera aún más portentosa

de lucirse y dijo: narcisismo no basta

para hilar más fino. Elijo la soberbia

como mi santo y seña. Así supo él solito

que reemplazando orgullo y miedo juntos

por soberbia y pura que es gran alegría

de tener aquí y siempre la mentira

y lo muerto como

única verdad

se cae en necedad o insulto a la

inteligencia clara y por Real decreto

convertir necedad en única verdad,

y por ello, euforia. La suya, la más alta.

Y para verdad y suprema, él

¿quién si no? siendo además tan listo

que mira con desprecio al serial asesino

que más temprano o tarde en

vil garrote muere mientras que

él, más listo,

de serial nada quiere

pues siendo nunc plus ultra

es ASESINADOR y con gran alegría

de quedarse impune en cometer

lo que todo no-genio primero de la clase

sueña con perpetrar, sí, el crimen perfecto

que dejará pasmado y por siempre impune

además de admirado por sus asesinados

y vástagos de éstos silenciados, cegados

a él agradecidos por tamaña orfandad.

Pues el genio jamás y nunca es soberbio,

por definición misma.

Siendo la admiración por la verdad

y grande la que guió sus pasos

desde niño y antes, y su

inigualable autenticidad

fue la que lo guió en encontrar su esencia

como grano de arena en playa infinita

que son los sus hermanos

y apostar por ella hasta sacar de sí

y sólo de sí mismo metamorfosis radical

siempre

apuntando hacia lo eterno y grande

y muy humildemente presentó a

su gente tesoros sin igual

no siempre comprendidos

mas que tarde o temprano

sí son reconocidos y siempre

por otros como él encontrando

su esencia gracias al suyo espejo

que les puso en frente

con su obra inmortal.

Y es que el narcisismo

degrada en la soberbia

pues si contra más tonto

más admirarse hace, cae en la necedad

irremediablemente.

Y es más,

       transforma únicamente

ese orgullo subido que reemplaza alegría

y todas sus verdades

en maníaco entusiasmo, este se llama euforia

de matar la verdad, es decir todo lo vivo y

grande y generoso, con toda impunidad.

En sí primero, y eso no fue difícil pues

siendo tonto tirando a necio

no había límites de dignidad

y el ridículo por ende, matar no le podía.

En los demás, después y acto seguido

para sentirse grande al menos en

maldad.

Lo malo en este caso es que, por ser

anti-genio, entrenamiento resulta obligado,

además siendo esa soberbia fuente de la

euforia

cómo evitar entrenarse con los que a

más a mano se tiene. Y esa es la familia

así el Asesinador la toma y obsesivamente

con los mejores y más desprotegidos miembros

de su estirpe, contrariamente digo,

al asesino en serie que mata obsesivo

al reflejo imposible, por ello perpetuado,

del peor de sus padres. Empieza por sus bebés

en quien asesinará, inacabablemente,

las partes las más vivas, más auténticas siempre

de donde, y es criterio, podría algún día

surgir genialidad. Y no sólo con eso se dará

por contento a menos de hacer brotar

en su víctima siempre, culpa por impotente

siempre en alcanzar la perfección suprema

que impone a los demás siendo en sumo

grado lo imperfecto y más, a más, vocacional.

Así sí, dirá entonces, y aún más euforia le da

el constatar que mató el orgullo y el bueno seguro

en su entregada y siempre confiada

                                    víctima

a quien para más rabia ha convencido ya

que sólo por su causa ha podido librarse

de enloquecedora debilidad: ser y muy

hondamente lo que para ser nació él.

Aquí y bien lo vemos, el yo-soy-tú obsesivo

ya se pone y total casi metafísico

pues resulta que su víctima que se siente

obligada a amar lo que lo está matando ha de

agradecerle para siempre jamás y con

gran alegría de haberse visto librar

de toda posibilidad ahora y para siempre

de admirar lo grande y en sí encontrarlo

para hacer su obra que mejore al entorno

y lo ponga contento. Y sentirse seguro en casa

de la loba

              o

del ogro. Y sentirse así

más que enamorado de nueva religión

con tropa seguidora: escepticismo se

llama su nueva conversión.   Pues ante lo

grande

y que lo sobrepasa sólo otorga verdad, estatus

y

altura a lo que su aval da. Si él no ratifica

cuando

el sol se levanta que amaneció el día, es de

noche

y punto,

porque lo dice él. Eso es soberbia. Más si para

afincarla ha de matar lo vivo en lo más

inocente

en lo más vulnerable, ya poder no sería

hablar de necedad, aunque si bien esférica.

Antes bien se podría, hablando del sujeto

nombrarlo sin dudar CABRÓN ESFÉRICO. Y

punto

porque esta vez, sí, lo decimos nosotros.

-4-

Satanizador en rebaja

Mas la soberbia bien antes que después

degenera en envidia. Y ya que el orgullo

y no del bueno, reemplazó alegría,

del orgullo que vale no queda ni la sombra.

Que por eso no quede, puestos a invertir

y crear orden necio cual mente enajenada

tendremos por aquí que la furia sin tregua

reemplace el orgullo. Y así en vez de admirar

lo grande y la belleza y aún más la pureza

saldrá ira asesina y con recochineo mucha

alevosía y premeditación.

Dolor

por el bien ajeno llamó un sabio a la envidia

negra.

Y falsa rabia en vez de orgullo la llaman

ingenieros de la mente humana. Pero envidia

es

de eso nadie duda comerse el hígado cual

águila de Prometeo a la hora de admirar

reconocer, consagrar e inclinarse ante

grandeza ajena cual nos mostraron a

Salieri frente a Amadeus. Bueno, frente

no exactamente, ya que amado Mozart ni cuenta

se dio de su triste existencia. Y seguía sonriendo

a los ángeles que acudían a beber de nueva

fuente de vida bajo su pluma disparada

que venció la barrera del sonido. Y se dice

frente a tal belleza, necio del anterior calibre:

"¡Si esas cumbres y portentos confiere sólo

Dios, que es simple potencia, qué no dará

entonces mi amo Satanás a cambio de ese

peso muerto que ya no necesito y que se llama

alma!". Y así elige a nuevo maestro eficaz protector

que nombra creador y grande en su conciencia

ya que a su imagen y semejanza suyo se reconoce.

Mas

tomando distancias todo hay que decirlo

porque, ni a ese, su narcisismo ensoberbecido

reconoce por encima de sí mismo.

En realidad y en lo hondo diríase más bien

que se está comportando cual hembra

con pretendiente que hay que dejar rondar

para acuciarle el deseo, haciéndose rogar

cual cima inaccesible y desdeñosa siempre.

Así que para sí, nada de rendirse a ese pobre

Diablo y ofrecerle misas y muy negras bajo

cruz

invertida. Eso lo deja a otros y muy sometidos

y fracasados dice, pues necesitan un dios en

vez de serlo ellos. Pero como padrino sí que

podría servir mientras lo sirva en sí. Y así cae

en trance y hasta logra envidiarse a sí por ser

tan grande y los demás pigmeos.

Ese, ya

quedó claro, el yo-soy-tú lo hace con toda

divinidad y sólo con esas esferas pasa el día

tratándose de tú a tú o mejor dicho de yo-soy-

tú.

O, mejor aún, y él lo acuñó, tú-eres-yo.

Por eso el amor de narciso se le dispara al cubo

y reemplaza la rabia contra toda mentira. Sí,

ama

y con delirio y empalagosamente el odio y la

mentira, el poder y la muerte -para los otros,

claro-

y más que nada, la exterminación de toda

pureza

que él llama la mancha. Y funda nueva religión

a sí mismo y sacrificatoria.

Para ello a más de las

dos vigas que los dos anteriores desterraron

de sí

sacrifica tercera, y última por cierto. Alegría y

rabia

caen bajo sus maldiciones al que nos las

confiere

y al cual envidia como a nadie hiciera.

Con lo cual

la estructura, humana ella y así divorciada, se

derrumba cual manta zamorana para su gran

placer y en vez de aupar el techo de lo

presente

cae ante sus pies conformando el abismo que

así reconoce como templo a sí mismo.

Y se ama

aún más y excluyentemente, por ello.

Así muy encendido empieza su andadura.

Y cual templo pagano y con pasión celosa

comienza a sacrificarse toda pureza en el altar

mayor que erigió a sí mismo. A ese sus hijos y

muy bebés han de ser, no bastan. Tampoco

sus hermanos y púberes hermanas. Pero

sí que los usa como entrenamiento y,

por ejemplo violará a sus niños a edad

tan temprana que de memoria humana

imposible recuerdo y

además, y siempre

ligando ese acto con otro de puro amor

como podría ser bañar o amamantar

a histerizado infante.

Y siempre así, y es su santo y seña, mientras

está perpetrando destrucción de purezas

su voz hombruna de dama y aflautada de

macho profiere palabras de amor arrebatado

a sí mismo, mas fiel a su estirpe confiriendo a sí

el nombre de la víctima para tenerlo bien

cogido de la locura y para que jamás huella

pueda hallar aún en pesadillas, de la mano

que destrozó su pureza. Maldiciéndola.

Pero no sólo eso. Así no se puede enloquecer

de culpa a la inocencia ni se puede quemar a

Dios

en su impotencia al ver a sus ángeles violentados.

Así que es necesario otra vuelta de tuerca y rápido le surge otra maquinación que resulta infalible para enloquecer y no sólo a su víctima sino a la sociedad que juzga inconcebible una actitud así y rápido encerrará a quien cuente sus penas eso si por milagro las pueda recordar, en la casa de locos.

Y es que, justamente, y de ello se trata, el SATANIZADOR que es el que pretende dar lecciones y magistrales siempre al demonio mayor, encontró forma de sembrar la locura en mentes de sus presas como gran garantía de su impunidad. Y esto es muy simple de todos

los   humanos   conocido: todos   tenemos
sentidos

y muy afinados, para percibir la realidad y
aterrizar

en ella y así en la cordura. Y gran rabia hemos
de sentir

hacia todo aquél que enloquecernos quiera

negando como hecho lo que sentidos captan.

Pues él sí que lo hará, y siempre, y nos dirá

que no está caliente la sopa que labios abrasó,

que es sólo nuestra mente jugando mal pasada

y que no es odio lo que vemos en su mirada

sino amor inmenso y que no es ruda su voz

que nos reclama atención perenne, sino canto

de lira. Y, para ello ¿qué mejor que hacerse

con un tropel de víctimas cautivas y cobrar por

ello?

Y por eso elige profesiones, vocacionales

siempre,

que exijan mucho amor y entrega sin dudar.

Con ello manchará también sacralidad de

profesiones como la de maestro, enfermero,

cuidador de ancianos, sacerdote y alto

misionero

aunque hoy sí que abundan miles de ONG

a las que apuntarse.

Y, con ello, se pondrá a buen resguardo y fuera

de toda duda pues si algún ingenuo cayera

en denunciarlo él gritaría fuerte que fulano

está loco de poner en peligro y en difamación

el cuerpo del gremio entero que buscó como

escudo. Y como su fingido amor y muy

apasionado distrae a sus colegas con quien

él multiplica tópicos de atención, las más veces

esos maravillosos esos sí inocentes, juran que

es un santo y que lo acusa un loco. Entonces él

alcanza

un orgasmo de amor. Por sí.

Y es que esa viga

tercera

Alegría-Rabia

que sostiene estructura de humanos y muy en

especial

marca la bóveda de nuestra personalidad

garantiza por siempre poder discriminar

Verdad de la Mentira eligiendo verdad

que es sabiduría y espíritu libre apuntando

a Infinito en la tierra y en cielo. Pureza e

Inocencia

son frutos de Verdad y por eso las odia

el Satanizador y porque las envidia, vueltas

locas, y de culpa, las quiere.

Mas tapar el sol con un dedo ni siquiera él

y aunque a tiempo completo se dedique a ello,

logra ni tan siquiera creérselo él.

Y entonces, más lo intenta y menos sus

mentiras

puede tragarse entonces. Porque ve en los ojos

de sus víctimas que se abre aún más el espíritu

libre

que para sí negó. Porque en inocente y en

pureza más

la mancha de la duda hace que Dios conteste

y se haga Presente.

Y siente más envidia. Mas la envidia

enloquece porque es pura obsesión por que nadie

acceda a lo que todo humano trae consigo siempre

por el único hecho de ser humano y contento por ello.

Porque el envidioso lo es, no porque esté ansioso

de obtener para sí lo que otro posee, sino porque

le duele como a sí arrancado toda grandeza sea

pequeña o grande que otro se disfrute. Y muy en

especial la risa de un bebé, la caricia de madre,

el alivio de enfermo, el sueño de un viejo, el júbilo

de un perro o el beso de amigo. Y a ellos se acerca

con lisonjas de amor

mientras se los arranca con mueca de asquito

cual grano infectado del cual abominar

avergonzados. Y a él agradecer de hacérnoslos

temer, cual culpa original y siempre amenazante.

Porque también tenemos que añadir, por si claro

no queda, que con un tal perfil se trabaja sin tregua

imagen de gran madre y de mejor esposa

por siempre amorosa y trágica por cierto y muy

sacrificada, puesto que todos ellos terminan

en brazos de droga insidiosa, como él adictiva

o tras pesadas rejas de manicomios tristes

donde también por cierto se logra infiltrar

como enfermero insigne o terapeuta adusto.

Y si con todo esto y comprobado siempre

hasta la saciedad con pelos y señales no

lo llamamos hoy y que allí le quede

LOCO ESFÉRICO

estaríamos locos

                y no de amor

por cierto.

-5-

Usurpador en liquidación

Cuando, como nos muestran nuestros seis

y amigos

también protagonistas de la

saga,

lector, de nuestras seis dimensiones vitales,

de nombre Maite y Pedro, Eva y su Eduardo

y Roberto y Preciada* (*),

---

* Leer la saga de la conquista de las seis emociones: miedo, tristeza, rabia, orgullo, amor y alegría, de Preciada Azancot, editorial Tulga3000 Editores.

crecemos hasta alcanzar cimas inexpugnables

descubrimos tener otras MEGA ESTRUCTURAS

que nos abren sus reinos para siempre jamás

y que por nosotros

        esperaban

            como regalo

e inaudito

      de nuestro Creador.

Mas el ávido necio jamás descubrirá

ni solo ni con guía

      tales portentos.

Pero

    y es prueba más de justicia

          inmanente

perenne en lo por Dios creado, que

la ruta del mal es pura necedad

                                    pues nos veda

alcanzar esas cimas dichosas puestas

                                    aquí y

ahora

y ya a nuestro alcance si el bien elegimos

y no por conveniencia

                        sino por inocencia

y amor por el otro

                    en toda su pureza.

Así que "usurpador-usurpado" sería el título

del presente retrato y cuarto en necedad

creciente

            y descendente.

Cuando la envidia en vez de ser defecto

y que nos avergüenza se torna religión

no hay otra salida que dar de toda gana

otra vuelta de tuerca a esa necedad y tornarla

resentimiento.

Resentimiento es no perdonar

al otro, e inocente él, e intachable ella, el mal

que tú has hecho. Así claro y raspado de

tajante

ha de ser ese resentimiento. Resentimiento es

así

pescado que se muerde la cola y se tira al

aceite

hirviendo cual de Sevilla, toda vez que no

logra

que el más inocente y bienintencionado asuma

sin dudarlo el mal que se le echa cual chivo

expiatorio.

Y por eso, busca culpables a quien culpar de su

inmundo odio hacia todo lo bueno.

Porque veamos, y desde la más absoluta

deducción

y no muy fina. Si eres narcisista y no cual niño

tonto

sino vil militante y por ende soberbio pues

inventas

doctrina y, es más, ideología arrastrando

amargados,

y te tornas así el rey de lo envidioso a quien le

duele

muelas cada vez que alguno logra felicidad y

por ende

inocencia, caes sin delación y para nunca

jamás

retroceder

ante ti y correr a encerrarte lejos de tentación

de volverte

más loco, en resentimiento, y encendido él,

pues nadie

nunca más podría congraciarse y hacerte

perdonar

cual noble caballero el mal que a ti hecho te

haz tú

al dañar lo ajeno. Y recta conciencia toda

habrás asesinado

y sin que nada cueste al Asesinador

Satanizante, claro.

Este salto, y mortal, abre un abismo entero, y

de hiel,

que has de presentar como la miel más pura

para que

otro se la trague al fin y en tu nombre.

Entonces si ya

envidias toda grandeza y a él no perdonas

verte

en ese espejo, has de hacerlo a un lado para

robarle

miel con la que cubrir siempre la hiel que tu

secretas

desde el más retirado átomo de tu ser. Además

y no es

poco, es la meta que siempre has perseguido y

mucho

diciendo yo-soy-tú y peor, tú-eres-yo al otro e

inocente.

Entonces, y con supina necedad que declara

que basta

que tú digas que eres el dios de todo lo que te

venga

en gana para que Él recule y en Su trono te

instale para

regir a gusto Su obra y Sus amores, te declaras

así creador

de lo ajeno y te lo crees firme porque desde

soberbia

y envidia también que te llevó tranquilo, ella sí

que ávida

de ti también, a tu resentimiento militante.

Y cual todo cobarde, vas haciendo pinitos con

los buenos

cercanos a quien has asustado con el yo-soy-tú

siempre

y aterrorizado con el tú-eres-yo. Pues si ese

inocente ha de

verse así, la muerte será poco para anhelar

sediento como

la bendición de no ser como tú. Y si entonces

se cree que si tú

le recoges todo lo bueno suyo para salvarlo de

él, ¡con que

gratitud siempre y alivio también te lo dará en

custodia

para que se lo apruebes cual nuestro Creador

que declaró

buena Su obra! Pues de Él se la salvas ya que

se tragó

toda esa culpa muy negra y la tuya locura de

tu mano

asesina y envidiosa siempre del orden y del

bien.

Así observarás, haciendo inventario cual

maníaco

contable, lo bueno existente en tus seres

cercanos

y te declararás creador de lo bueno de todo el

que

te ame. Así hermano genio se tornará muy

triste

melancólico siempre, de no entender por qué

te roba

cada idea que a él ocurriose y más que la

locura que

le es libertad deseará la muerte. Y en tu

nombre, claro.

Una vez entrenado a usurpar lo ajeno y culpar

a su

dueño te sentirás impune y sin límite alguno

para

tras ávida máscara de discípulo amante, buscar

y con afán a los más grandes y a lo más

inmenso

para sin pudor ni aún menos temor robarles

obra

suya y firmarla por ellos. ¿Más qué harás

entonces

con el autor real? ¿Además de culparlo de ser

tú

y de haberte deseado cual vil serpiente

edénica?

¡Por supuesto que sí! ¿Acaso no eres tú

creador y

supremo de nueva ideología que en religión

ahora

has convertido tú en contra de lo creado por lo

que

ya más nunca fue ni serás tú? Y es que ahora sí:

Descubres que esas vigas, y maestras todas,

que has

desenchufado con el necio objetivo de acallar

por siempre

esa recta conciencia que hasta menor rata

guarda

en sí con respeto como armonía sí, y promesa

inmanente

de su Creador alto, y que tú, sólo tú a solas

pobre loco

con tu necia manía de buscar los atajos de un

camino

de Gloria que antes y no después se ha de

convertir en

Esplendor por siempre, ves y con esa soberbia

que fue tu

santo y seña, que a más del abismo, se abre a

tus pies

con vértigo supino un despeñadero con rocas

que, en

imparable avalancha, te empujan hacia abajo

que es

donde elegiste reinar entre los muertos sin

retorno.

Sí, y se llama Secuencia Omega esa Mega

Estructura

apta para hacernos reyes de lo social, la que te

has

cargado con esa <u>sans-façon</u> propia de

delirantes. Y ella,

que los que tienen la gloria de llamarse

humanos descubren

todos, tras heroica hazaña de darse a luz por

siempre

en su conectador proceso de salir por sí solos

de esa cárcel

universal e innata que es tipología, y que han

de franquear

en sus seis recorridos cual nuestros seis amigos

de la saga

citada, la has perdido tú, y con ella, el para qué

existe.

Y ahora sí, demente, haz tú el inventario de lo

que nunca

más has decidido ser ni hacer ni tener: ya

nunca más serás

rey de lo creado para ti, de la naturaleza, la

tuya y la de todos

los elementos cuatro: ni de la luz que es fuego,

ni de la tierra toda,

ni del agua tampoco y del aire aún menos. Así

que respirar

aún sin descubrir que el aire es puro miedo a

dañar y

dañarse en tu nombre aún menos se escapa

para siempre

de tus pulmones pétreos. Y la luz, madre del

aire todo, que

es fuego sagrado deserta tu desértica mirada

de toda

esperanza. Y el agua que es madre de luz toda,

se seca en

la tu boca. Y la tierra ella casi árbol ya, llora al

despedirse

de ti y para siempre pues nunca se abrirá para

tu gran

retiro ni te dará sus frutos. Y tú, tal y como

habrás

elegido y con ahínco siempre, ya no tendrás

amor, ni tristeza

infinita del necio elegir el mal y con

constancia, y tampoco

orgullo que es lo diferente del asno compasivo

que acabas

de matar en ti y para siempre, ni tampoco, y

eso desde

siempre, tendrás miedo a dañar. Ni alegría

nunca pues

ella es inocencia, ni rabia verdadera contra el

vil engaño

que en tu religión has optado por siempre en

conferir

tu nombre.

Esa secuencia Omega que amor infinito nos

confiere

por todo lo creado y que sostiene, sí, las tres

vigas maestras

que aúpan el techo del templo a lo vivo y Arca

de Noe

fuera de accidente que dañar pudiera al

animal, - no

tú idiota y craso-, fuera de nos y dentro más. Si

cabe. Ya

nunca será tuya ¡admira el portento!

Y si con todo eso no podemos nombrarte

aunque

ofendiendo a muertos MUERTO ESFÉRICO y

sin resurrección

posible hasta el final juicio, es que habremos

dejado

de preferir la hiena a ti y a tu furor por siempre

ante toda

grandeza, pues al menos ella no se come a sus

hijos

y sirve a ecología, para limpiar la tierra de

cadáveres sí

más jamás como el tuyo que en pesadillas nos

la tendrían

privada de su risa que nació no más verte y

mirarse al espejo,

ridículo payaso presto a firmar ¡esto ya que

estás! y así

darnos el tuyo nombre que ni siquiera muertos

se prestan

a enterrar. Y respira si puedes porque ya

nuestra risa

nos dispone a encontrar, cogidos de la mano

en

solidaridad a esos seis peores que tú que

existen todavía.

Bueno es un decir si eso es existencia vivir a

160.mil

metros debajo de nuestros cementerios. Para

que ellos

al menos descansen de tu aullido al

despeñarte

siempre al eco de la risa de la hiena

          feliz

            de no

ser tú.

-6-

Burlador desmarcado

¿Existe algo peor que el Usurpador? En verdad

sí lo hay, y no sólo uno.

Hay seis más y peores

aunque a estas alturas tan sólo esos seis

entran

en competencia,

pues, a partir de ahora de eso

es que se trata.

Más allá de locura y de muerte

no hay,

al menos en mortales contentos de ya serlo

con tal de escapar de esos desalmados. Mas

para ellos y puestos a apostar por crear

religiones

que asusten del sí y del no más aún, sí que no

hay

final al delirio de espíritus comedores de almas

que se nutren de

nuestra imposibilidad de

entender

tal grado de necedad, tal acopio de gratuidad

y tal

desafío de límites de auto-maldición,

superando

el listón del que en vida parece y

esféricamente

muerto es para siempre.

Y es que este, amigos, ya los Griegos antiguos
lo
presentían
todos, es el amo y el dueño del
CINISMO sin fin.
Pues
todo apuntaba tras la usurpación y para
declararse
creador de lo ajeno y a éste acusar de ponerlo
en duda, que inevitable era y que cantado
estaba
armarse de cinismo y a prueba de bombas con
carita de póquer que engañar a duchos
maestro se hiciera.

Pues si con retintín se tiene furia grande

contra la víctima que acabas de plagiar por haber

poseído y aún más creado de la nada eso inmenso

y grande que por todo imposible se podría sacar

de un tal basurero en que se convirtió, basurero y

muerto para más seña y santo ¿cómo extrañarse

pues, que ese muerto en vida se torne cínico

orgulloso de serlo y de todo se burle para así

tapar la risa de hiena a la que envidia y mucho

con gran resentimiento por ser tan compasiva

en no dañar lo vivo?

¿Y que a partir de aquí, el demente voluntario

sólo

 al cielo mire

y desee

hacer   caer   de   sus

alturas?

Y todo irá a más …

en delirio infinito.

Se especializó en violar y no sólo a adultos

pues

prefiere mancillar ¡y cuanto y con qué daño! la

inocente

carne astral de los muy niños. Los suyos de

preferencia.

Y no por cobardía sino por algo peor. Que

veremos a coro.

Así con ellos hace

y muy cínicamente sin quemar una etapa el total

recorrido para vanagloriarse de haberlo logrado

eso sí, sin atajos.

Primero desnortar y ponerse en

el Centro, luego matar lo vivo para enloquecerlo

con tanto yo-soy-tú y loas a Satanás en lo gestual

siempre, mientras en verbo imita al beato de pila

luego chupar entera la medula espinal para,

cínicamente al fin

hacerse con toda virginidad

pureza y radical entrega en los tiernos retoños

a quien acusará de haber seducido su talante

inmortal y de haber mancillado su blancura

sin mancha.

¿Existe un ser así? se preguntarán muchos. Mejor

no responder a ir a tribunales y a grandes doctores

y mejor analistas frustrados de no haber podido evitar

suicidios de pacientes pasmados de observar que aun

teniendo todo, la culpa, el desespero, crecían con los años

que, para abreviar, pusieron con descanso el
punto final

de una bala en la sien cansada de esperar el
final de las

brumas que el sol ocultaban.

Porque ¿qué es violar en radicalidad? Violar es
desear

destrozar la pureza y tacharla de puta y
orgasmar única

y exclusivamente con el pavor de víctima
amordazada.

Eso es violar. Sí, y lo que menos duele en esa
tesitura es

el daño que en vagina o ano o boca se recibe.
Porque

lo que sí mancha, lo que sí enloquece, lo que te
convierte

y siempre en errante en desértica ruta
escapando de

oasis es el dolor del seudo dolor que se supone
le has

causado a él, sí, al mismísimo violador. Porque
lo que

pelos de punta pone es que tras abusar,
mancillar,

destrozar, el monstruo maldito una y otra vez
te mire

y con desolación, por tu irreparable
podredumbre que,

cual Lilith ¡oh cuan precoz! sacó de él ese
demonio, tú,

que lo llevó a hacer "eso" que ni quiere nombrar por

caridad por ti, para que te olvides de lo malo que eres

y puedas perdonarte como él te perdona.

¿Un vulgar

yo-soy-tú? Cierto. Mas ya rayando delirio tal, que mente

de un infante no puede procesar, pues ni Einstein lo

puede. Y si a esto añade que la risa final ya llega en

verdugo cuando éste te ofrece, como de placer objeto,

a personas de tu mismísimo sexo, mas confiriéndote

además el rol en esa siniestra orgía

fantasmada,

de persona de su propio sexo, sólo una bala

puede

acallar el clamor de tus sesos. Pero no sólo eso.

Ahora sí, y esa es finalidad al fin de Burlador

sin fin,

viene lo más jugoso. Pues ha de tomar su

premio

después de tal trabajo. Esos prolegómenos que

en

maniaca agenda fueron todos cumplidos

sirven,

ya lo hemos dicho, para orgasmar al fin, ante

el pavor

sin fin de su callada víctima. Pues ya tendrá por fin

cheque en blanco firmado y despacharse a gusto

con risa además, puede y sin colocar mordaza ya lo tiene en bandeja

y bendecida, para poder poner carita consternada

de inmenso dolor ante cada pureza, ante cada inocencia,

ante cada alegría de ese niño que ya olvidó por siempre

a qué suena su risa. Y así se sobresalta de sus propias

purezas y de toda inocencia que partiera de sí.

Porque esa tristeza, esa honda aflicción

que en vez de alegría tiene el Burlador para

los puros,

despierta ese terror

de esa acusación de haberlo violado a él y por

lo negro

de tus designios de niño. Y, para más lograrlo y

es lo

más terrible, te pasa el mensaje de que él sí es

niño

y que tú lo violaste. Y te hace su madre.

Y con eso el niño decide de mayor

escapar de ser padre para no comprobar el

color

de su alma. Pues los tenga o no, escapa de sus

hijos,

para protegerlos de sí. Y adora a los niños
porque

por ellos,

espera a despertar

al padre y madre en sí y

amparar

al niño que no sabe reír

pero que sí oye,

cuando al cielo mira,

la risa de Dios

que lo ve

vivo aún

y esperando por Él,

y que lo llama

Padre.

Porque un niño así ya es hijo de Dios por poco

que lo acepte.

Y si el niño es luz, ambos sí que lo saben. Ambos son

Dios y él, porque el pobre niño escapará de Él por

pavor a dañar lo que sólo a veces le recuerda sonrisa.

Pues violar, ya lo vimos, empieza por el sexo, más

toca la alegría

       toda

          y por siempre la risa.

Y es justamente lo que él,

Burlador, persigue sin cesar: Burlarse y con qué risa

de ese Creador a quien le hizo un hijo a quien

cada mañana y también cada noche le va a

violar

la risa y su liberación bajo todas sus formas.

Desafiando

al cielo, eso sí buen demente, a quien en ese

acto

cree también violar para gozar a gusto con el

miedo de Dios.

Más ingenuo sería aquél que le dijera a ese

Burlador

"Y si el gran Cervantes pudo ya advertir al

noble

Sancho Panza que se había topado con

santísima

Iglesia, ¿quien podría impedir que a ti te dijera

que estás ofendiendo al mismísimo Dios?"

Sí, ingenuo sería dejar de comprobar que esta

anti-saga sólo persiguió eso.

Mas nos falta nombrarle y luego con gran

orgullo

alejarse de él sin ofender a dios rezando por su

alma.

PUTREFACCIÓN ESFÉRICA se llama el

Burlador

y hace a las ratas huir de basurero.

Y es que esta cosa que ni ente se llama

debería llorar sin fin y de verdad

pues

jamás será suya otra Mega Estructura que a

ángeles

hace, y aquí en la tierra. Eso para que jamás se

pronuncie

que esos desgraciados son ángeles caídos.

Pues

antes de caer sólo fueron personas que

no aceptaron

serlo. Además no cayeron. Tan sólo se tiraron

por propia voluntad y total gratuidad

como ya observamos.

Este, BURLADOR es su nombre, ni es mujer ni

hombre

eso ten por seguro. Ni aun macho fue pues

macho

busca a hembra. Ni hembra mucho menos

pues

no viola a los niños ni gusta de tristezas.

Y es que éste perdió ahora y para siempre

su Primigenia Estrella, así es que se llama

esa Mega Estructura apta a hacernos totales

y con dos sexos. Pues en todo creado hay

el yo femenino hecho de sutileza, justicia y

devoción

y el yo masculino hecho de inteligencia,

creación

y certeza. Y ambos nos habitan como mejor

mitad

de lo obvio al nacer. Pues toda gran mujer es

aquella que en sí nutre, cultiva y ama a su yo

masculino

y todo hombre grande se da en preferir cuidar

y abonar su femenino yo.

El resto es hembra y macho condenados a ser

sólo mitad del todo abocados a odiarse

sin poder separarse.

Mas el vil Burlador a ambos ha matado en sí

para ser, ya de sobra lo sabes, el que de Dios se

burla

en su Creación toda en cuanto tiene sexo

aún sin estrenar en nupcias amorosas.

Así que ya rayó posibilidad toda de descubrir

un día que en sí habita un ángel que con sus

alas

mueve la libido entera en cuanto pestañea a

punto de reírse con la risa del cielo

y todas sus galaxias.

Y vos nos contaréis, porque somos al fin

capaces de mostrarlo mas no de entenderlo,

a qué tanto esfuerzo a qué tanto delirio y el
cebarse
siempre sobre los inocentes para lograr por fin
perder y para siempre todo el Esplendor y la
Gloria
también que encierra lo humano.
Tal vez cuando hayan diez podamos entender
algo de ese embrollo de neuronas-delirio.
Pues faltan aún cinco, es decir la mitad, y
peores que éste que se ríe de Dios para no
llorar, y por eternidad toda, de jamás escuchar
pues para él sellada, la Gloria de las Glorias
que es la risa de Dios cantado la inocencia
del más amado de sus niños a quien coge
la mano y llevará hasta Él, una y eternamente
hasta que niño ría de la necedad toda.

-7-

Acusador rematado

En esta ruta del mal como –dicen - en todas las

demás, hay que acumular méritos y puntos

para alcanzar estatus y rango anhelado. Así

del Magnetizador al Usurpador trátase de

perder, y para siempre, el Ser. "No quiero ser

Tu creación sino la mía" deciden estos necios

y a ello se ponen con toda

-es un decir-

el alma. Y, para ello

han de desconectarla en vez de entronizarla,

claro, pues son inteligentes. Mas verdad les asiste

cuando al refutar el orden caen en demostrarlo

de la peor manera. Pues nadie ignorar puede

y los muy malos menos, que el ser humano por

eso de la perfección más que perfecta del orden

de lo creado, es absolutamente y radicalmente

coherente.

El que el bien elige, es decir encantada obediencia

a su recta conciencia, ignora todo el bien que en sí

cabida tiene y en cada recodito, y en cada pasito

maravillado los descubre. El que al bien se

opone

para lucirse él, como siendo de raza que no

humana

concebido, parte ya de la idea de que él fue el

creador

y Dios usurpador de su ser verdadero. Y guerra

a

muerte le declara pues concebir risa no puede

dada la inflación grotesca que a él fue

necesaria

para ocupar el centro y adorarse a sí.

Así comenzó

todo con necio narcisista. Ya con desolación

pudimos

contemplarlo y meditar es cierto sobre su

autoridad

en materia de alturas. Más él continuó

despreciando

su juicio mas con el yo-soy-tú atribuirnos pudo

la elección más necia que concebir se pueda. Y

él

consolidó tamaña necedad que piensa –si eso

es pensar- que amar es de tontos y sufrir es de

necios. Y cual ciego Sansón se llevó una viga

maestra si la hubiera de su propio palacio

aduciendo ufano que arquitecto chapuza es

nuestro Creador pues con orgullo inflado

quién la necesitara si ocurrente fuera. Y

Magnetizador

así se convirtió al creer situarse por encima

de todos y en su fantasía mover hilos de

hermanos

es decir emociones, y muy sagradas siempre,

de esas marionetas que vio en los humanos.

Más cuando con falsedad se empieza y a ello

se añade falta de corazón y confusión de

mente

uno se ensoberbece cuando en sí no escucha

la voz

de su Señor que se llama conciencia. Así se

ensoberbece

y cae en desear cual dictador venal poder

contra

potencia. Y así da en sacar de sí bajo el brutal

brazo

ese segundo eje, viga de lo Existente, que

discrimina sólo si admirar se puede, lo grande

de

lo vil, lo genial de lo malo. Y así se convirtió en

Asesinador

enloquecido de euforia de controlar la muerte
y a otros castigar con ella si su soberbia
ofenden.

Y entonces descubrió que el templo de su ser
sin dos vigas maestras aún se sostenía y en vez
de prosternarse ante tanta grandeza cayó loco
rendido de amor hacia sí mismo y se auto
nombró
su religión por siempre. Y celebró su misa y allí
prometiose en tatuaje ardiente sobre el sexo
desnudo que ya que superó en ingenio a su
Dios
también superaría en poder y por siempre al
propio Satanás. Pues él no se veía en futuro
glorioso como el opositor o partido en derrota

ansioso de alternancia. No, pues para esa

mente

de la cual nada queda, la variedad ofende

y el partido único sólo soñar se puede y éste

siempre y cuando necesidad hubiere hasta

el día glorioso de quedarse por siempre

tan sólo con si mismo y destruir por fin

todo lo que no es su yo. Vale decir que todo.

Pues tan enamorado cayó de sus encantos

y de su gran listura que envidia por siempre

sintiose de sí mismo y el sueño perdió

bebiéndose

los vientos por tenerse a sí a solas y rendido.

Y con esa visión que enloquece certeza se

cargó

para siempre la tercera gran viga, la que

ángeles

hace al encontrar verdad sin siquiera buscarla

y sin poder perderla

y cortar con mentira con risa cristalina. Y así

Satanizador

se hizo

y

con total pasión por si mismo ya

vio

que a ese, débil entre los necios, que otros

llaman Dios, ya se lo había cargado, la prueba

su silencio. Pues ya no oía nada, menos

adivinaba.

Y que con gran

engaño ahora y por siempre había de

congraciarse

antes que liquidarlo, con Satanás servil

y sólo ocuparse de derrocarlo ya cual político

hábil

que trama alianzas y maquina promesas que

jamás

cumplirá. Pues ese mercenario –pensó en

Satanás-

es obsesivo siempre pues sueña con el dos

para

decirle "no". Y de allí su flaqueza. Y sintió con

enojo

su gran resentimiento por el tiempo al que

tardara en superar al rey de la mentira

y ocupar su trono justo el tiempo fugaz

de buscar con afán ese maletín rojo de

destrucción

total y terminar con todo y gozar del Edén

que era su poder. Así perdió el ser

irreversiblemente

para su gran jolgorio y

Usurpador

fue del día a la mañana

                         como siempre ocurre

en tal extraño caso.

Y así mis amigos termina con honores

la anti –saga necia de pérdida del ser.

Mas se abrió, ahora, la caja de Pandora

y empieza el camino de destrucción del alma

pues alma es anhelo, y de la entrega siempre

al amor más grandioso y por amor tan sólo

donde el otro lo es todo y tú tan sólo el otro

con gratitud muy honda por tener privilegio

de entregarlo todo sin concebir siquiera soñar

con otra cosa porque él lo es todo. Tan sólo

soñarías, si en ti pensarías, en ser algo más

bueno y merecer tal dicha mas descartas de ti

tan innoble pensar y tan sólo la entrega

te nutre para siempre. Y así se multiplica

y mañana nace más y así es la fuente de tu

inmensa dicha que sale en un murmullo

más bajo que pajarito al que no despertar.

Y al multiplicarse a todo se extiende y un día

cualquiera, se ve en el espejo de los ojos de

un niño que nunca jamás tú, hasta llegar

a ti. Y allí nace risa e inocencia siempre

que acompaña ya esa risa de Dios que adora

a su gente y a personas más y sueña

con humano que Él sembró en ti al

que entregar todo lo que para ti guarda

y que le pesa siempre porque nunca pospone

la dicha de entregarse y suscitar tu risa

sorprendida de fiesta.

Fue eso, alma, que sacó del corazón por

siempre

el tonto narcisista y en hambre se instaló

y cual perro rabioso empezó a masticar

pedazos de sí mismo, pero es otro cantar

y no de pajarito.

Así el Burlador inició el sendero y con gran

decisión

que lleva al abismo que no a lo abismal vedado

para

sí y para otro más. No sea que sea espejo.

Rompedores

de espejo de la divinidad o, lo que es igual, de

ojos

enamorados

de esplendor anclado se llaman a sí mismos

toditos

 los cinismos y así no despertar y crear

pesadillas

en mirada asustada del pavor, éste suyo, que

solo

eligió como unión a sí mismo, es decir religión.

Mas

sí mismo sin Ser es difícil dilema y hasta

metafísica-

mente un imposible empeño. Y unión sin amor

que es pegamento único es caída anunciada.

Pero en gran delirio responde esa mente

¡que por incoherencia no quede! Así concibe a

Dios

ese gran mono loco privilegiada mente

científica

si cabe. Así que desde ahora y sin cejar jamás

es

odio puro el suyo en vez de amor total y en sí

cultivó cinismo que en serpiente sería ofensivo

y dio en violar en todos al bebé inocente que

en toda pureza lanza su primer llanto al

asomarse al mundo. Llanto que él imita

para burlarse siempre de su impunidad

en fabricar suicidas que jamás lo serían

si no fuera por miedo, pavor tan horroroso

de creer que en verdad ese yo-soy-tú siempre

logre sembrar la duda de que por vil contacto

haya podido en ellos permanecer pegado

un átomo siquiera de tal putrefacción.

Y tal el Burlador

se hace a sí mismo y responde la nada

con llanto inconsolable si por resignación y

aún más sacrificio tuviese que acogerlo

en su seno sagrado.

En esa tesitura surge el sexto diablo que

oyó en su nada la respuesta sagrada de

purificación

y encontró en sí con risa burladora el siguiente

peldaño por el cual deslizarse y alcanzar la

nada,

que saca de sí mismo y lanza al vacío,

dejándola aliviada mas aún

profanada por ese vil contacto fugaz y

decidido

de la que fuera objeto.

Entonces en su pecho siente el Burlador

desatarse en arrebato convertido en manía

que tras el vil cinismo abre PROFANACIÓN

y ve que así tal vez se abra vocación mas no

esa palabra por ser ésta muy alta y por ello

odiada, que llama su revancha ¿de quién?

ni él lo sabe pues encuentra un eco duro y

persistente de su llanto de niño que chantajear

siempre a los seres sensibles que a su capricho

tardaban en someterse y así aprendió a

berrear

de rabia mas con tal negra saña que obtuvo

por

listo lo que por su descaro perseguía del otro.

¡Profanación! Eso sí que lo excita al dejar bien

patente que así se ahorraba el trabajo de violar

lo que más detestaba. ¿Acaso no bastaba

hacer

como si el otro lo invitara anhelante por

siempre

de honrar con su sexo su lugar más sagrado y

darse el lujo además, de así profanarlo con

productos

del ano? Pues sí, eso a más de duro dejaba

bien

patente que la mera entrega ya era deleznable

y sin trabajar mucho ¿acaso Dios no es fijo

como

búho mirando, pensara un tal necio? Pues

entonces

él también lo sería: todo y sin movimiento ni

vana

agitación y obtener por siempre corromper esa

alma –del otro obviamente pues de la suya

propia

y por profanación ni recuerdo encontraba-

empeñada en entrega. ¡Entrega! ¿acaso

necedad

supina no lo fuera por parte de su gente del

allá y

el entonces? ¿acaso a él no se empeñaba en

entregarle el alma

esa hermana tan tonta o ese padre necio que

encontraba

bello amar, más que del otro recibir alianza?

Pues como ya lo vemos así se fortifica esa y

muy cobarde manía de acusar al bien de todo

mal

a la luz de la sombra y al alma de su

desoladora

aunque sí meritoria y crasa sequedad. Pues

según

esa gente, nadie sería feo si belleza no

hubiera,

nadie sería malo si en bien no se viera, y nadie

un ladrón si joya no existiera y nadie asesino si

vida

feneciera. Pero sin plantearse, es obvio y

natural

el burro lo supera, que sí así lo fuera, tampoco

él sería, porque no existiera. Porque en tal

abismo

sólo surgía en sí el último anhelo de que el que

no

existiera fuera el propio Dios, a quien ya no

bastaba

usurpar el lugar en el centro del mundo sino

acusar

de todo lo que a él pasaba. Sin percibir ya

nunca,

contradicción en serie por más que asesine el

alma en los mejores, que ya pura entropía es

ahora su alma de vil ACUSADOR.

Mas no nos alegremos y prematuramente

al creer que ahora ese Acusador afloja la

presión

sobre la gente toda pues descubrió por

siempre

la suya vocación de acusar a Dios de negruras

que él contra Él eligió. Entonces sí que ya

podríamos

dejar de mirarlo por siempre y tan sólo rezar

responso o kadich por su alma muriente. ¡Que

no!

ahora sí que ya, puesto a descansar de trabajo

anterior

que deja a sus alumnos, se pone a no cejar en

obsesión

continua por profanar por siempre y a tiempo

completo

todo lo puro, bello, limpio e impecable que en

su

camino encontrar pudiera y si de oír tratase,

dar rodeo

sin fin, para que el Maestro abra a él su puerta

y en Sancta Santorum de interioridad limpia

y muy sagrada abierta para él, defecar muy a

gusto

y salir exultante. Y encuentra el cómo hacerlo

impunemente, descubriendo una cuarta

manera

de engañar y de manipular más eficaz aún que

la intimidación, la culpa y el soborno: ¡la

PROMESA!

Pues sí, y esa es la señal del demonio naciente

en

malignidad toda. Y se llena de miedo, mas no

el

de perderse sino el de mirarse en espejo del

bien

al que acusa siempre. Para muestra un botón

y demos como ejemplo un amigo obediente y

en todo admirable y además muy genio que

le diera amor y comprensión sin más, mas

que se diera cuenta que el amigo amado

reniega

de su alma y de su ser podrido. Entonces el vil

Acusador

irá a convencerlo de que su alma entera

depende

de la entrega del lugar más sagrado del amigo

muy limpio y le deja patente que pobrecito él

a quien jamás han dado prueba de amor ni

bien

y que en sí guarda, cual tesoro y puro anhelo

de

entregarse al mismísimo Dios y que sólo desea

que un sólo humano le dé la su confianza y

poder

penetrar muy dentro de su alma y honrarlo

con

por ejemplo adoptarlo cual hijo y primogénito

claro, todo en nombre de Dios, a quién él

serviría

a través de sus hijos con vocación apasionada

y gratitud muy honda por el benefactor que

supo

despertar su pasión por la luz. Entonces, el

muy

ingenuo amigo, abre para él solo las puertas

más sagradas de su interioridad. Y lo nombra

hijo suyo y su solo heredero, todo sea por Dios.

Y en el mismo instante en que éste recibe

lo que siempre dijera ser lo más anhelado

nuestro Acusador acusa a su benefactor

de haber querido profanarlo a él negándole

su alma y de haber querido arrancar el su hijo

a su madre muy santa y de haber con ello

envenenado

el alma a un ser inocente por perversión muy

grande

y muy contaminante. ¿Un vulgar yo-soy-tú? Sí,

otro

y muy maldito porque el Burlador sólo se

limitaba

al secreto guardado de cara a su víctima que

así

enloquecía. Pero el Acusador hace más

extensiva

su profanación grave. Acusando y a gritos al

bien

de ser sí mismo, pura profanación de lo más

grande y puro que concebir se pueda, para en

gran

deshonra precipitar a aquél en cuyo espejo vio

lo negro de su alma. Que encasqueta al bueno

sembrando viles dudas hasta en el benefactor

mismo ¡ni digamos entonces en su entorno

cercano!

Por vil difamación se hace indispensable ya

que

hasta la víctima timada podría necesitar que

así lo confesara y de cargos librara. Pues

también

siembra dudas en todo lo que toca, y más en

quien

profana a quien culpa de haber con soborno

intentado

ganárselo a su causa, o, lo que es peor y mejor

le

funciona, de no haber sabido preservar ese

antro

de sacralidad toda que él dejó violar y ensuciar

a conciencia.

Prueba de su desprecio por lo que Dios le dio

y nada le costó, dirá en

su defensa.

Muchos genios, y grandes, y Maestros

sagrados de

espiritualidad que como faro alumbran y

nutren

nuestra alma, han tenido muy cerca a vil

Acusador.

Por él la muy doncella y sacra de Arco Juana

fue

quemada en la hoguera acusada de bruja. Por

él

Galileo el genial fue casi asesinado y por

siempre

silenciado. Por él Mani se vio en cadenas morir

en

triste calabozo. Pues el Acusador vil no busca,

ya que está enfervorizado de matar el alma, a

seres

medianitos, sino a los más grandes en quien

todos

escuchan la voz del mismo Dios, para sembrar

la duda y mancillar por siempre tan inmensa

pureza y una tal entrega al alma de lo ajeno.

Y es que, una vez entrado con engaño y

ahínco en

el lugar más puro y el más elevado pues no

contaminado, él hace muecas de asco y

describe

su alma dándole el santo nombre del de quien

se ha burlado.

Y, haga lo que haga el así profanado, siempre

asco

le muestra. Que si lágrimas vivas en el ser

engañado

a ellas responderá con su sorna asesina. Que si

indignación

entonces le dirá que es un narcisista que ídolo

se quiere.

Que si miedo de él, entonces a escalar y

mostrar que

pánico se ha de tener a quien tiene

experiencias divinas

y elevadas pues de orate se trata. Pues así

siembra dudas

que en tópicos enraízan en la gente muy gris

que teme la grandeza a la que envidia siempre

pues le muestra el espejo de lo que nunca es.

Pero entonces descubre que espejo es alma

de la divinidad en ti y en el otro. Sí, pues el

espejo

te muestra en el otro tu reflejo crecido y por él

reflejado cuando amas lo bello que siempre

tuyo

es si lo amas en otro. Más si con negra envidia

quieres arrebatar esa alma adorable que

florecer

ves en ojos amorosos, ciegas los tuyos propios

y a tientas por siempre vas ante tu espejo que

no

refleja nada porque anegaste el cauce de la

divinidad.

Y luego habrás, para creer delirios que

sembraste

en ti, de perforar por siempre tus oídos muy

ciegos

para desoír

        impunemente crees

              la voz de tu

conciencia

que por nunca jamás podrías acallar. Entonces

te va la vida, pues esta ya se va, en romper todo

espejo, pues espejo es alma que anhela entregarse

y que así recoge lo más propio de sí, amor en

todas partes y en todos lugares y en cualquier

tiempo, vida o bien lugar. Porque sólo de sabios y

jamás de los necios es muy propio el amar.

Comprenderás entonces que acto de amor es,

y fe y esperanza, cuando el sociópata te hace

el tú-eres-yo y antes yo-soy-tú, reírte en sus narices

para dejar bien claro que no permitirás que rompa

tu espejo y cuelgue la su foto para

espeluznarte

-de ti mismo- ni que, y es alma y pura negarte

más

a ello, que harás como él al creer que él es tú y

romper

el tu espejo como lo hace él. Y, más aún que

eso

habrás de entender que si por un casual ya lo

aceptarías

y mirarte con culpa creyéndote ser él, él

inmediatamente

iría a fabricarse otro espejo más vil en el cual

admirarse

culpándote de ello por colaborador.

Pues ese insensato privado de sentidos y de
sus
emociones sólo desea ya –sabes que desde
siempre-
no tener ya espejo para único y solo ser en
nuestro universo desertado de ti y por ende de
hermanos y por ende de Dios.

Más no dramaticemos y menos le otorguemos
estatus de persona sino de mono loco. Por más
que lo desee por más que lo decida nadie
puede
romper ni menos destrozar la obra inmortal
pero
también eterna del Creador de todos. Sólo
podrá

lograr y con honda obsesión y a tiempo

completo

apagar los circuitos que en algún lugar y en

remoto

tiempo habrá de reenchufar pues remedio no

queda.

Ni a él ni a nadie. Así que sólo digas a él y

frente a

todos: hermano aunque no quieras, tienes

doble

trabajo, desandar el camino y volver a andarlo,

más como apestas mucho y muy refeo estás,

aléjate

que pueda proseguir mi camino de gloria e

infinito

llamado libertad.

Porque por más que quieras

confundir los espejos, yo no me veo en ti pues

muy sensato soy y tú por más que digas

tampoco

en mi espejo te has podido mirar ya que mil de

recodos separan los caminos que jamás se

cruzaron

ni podrían hacerlo aunque en este mundo éste

sea

redondo. Pues el tuyo y lo muestras te lo has

fabricado

con un pico y su pala al fondo del abismo que

no

me da mareo por ser mi propia alma entera

y como el mar, y océano todo que también

abismal.

Más tú subirás solo. Aprende a nadar. Pues tu

nombre

ya es VACUIDAD ESFÉRICA.

-8-

Delator desechado

Y aquí arranca entonces tercero y más siniestro

recorrido si cabe: pues tras asesinar el alma en

sí

mismo también en los demás descubre el

siempre necio

que ya de necio nada, pues se volvió imbécil.

Porque

habrá que serlo, y más que el enfermo, para

creer

que alguien puede asesinar lo inmortal por siempre

y también lo eterno y así atacarse cuando instalado

está en fondo del abismo poder impunemente volar

en las alturas del propio Infinito. Pues alma ya murió

al menos se lo cree. Y sólo queda entonces – pues también

se lo cree- matar al infinito. Espíritu se llama en los

humanos todos.

Estos especialistas de la imbecilidad

a ello ya se fajan y puesto a ser tonto, mejor escogen

necio. Y puesto a ser necio por imbécil ya optan al

ver que la Promesa también causa cansancio pues

algo hay que hacer para engañar al otro y es muy

trabajoso cuando alma se odia simular la entrega

al muy inteligente porque muy amoroso. Entonces

ya teniendo negación al arrastre pues caminar

perdieron y menos aún saltar que de orgullo depende

optan por simular el vuelo de paloma o águila mejor

atacando el espíritu y con él la certeza de encontrar

verdad que todos ya traemos de siempre y por

jamás

y que lo compartimos con el aire y el fuego y el

agua

y la tierra, pues espíritu es la primera obra y

manifestación

y también creación de Dios en universo.

Espíritu,

nada se lo pierde pues vuela infinito más

raudo que la luz

aun con gravedad. Espíritu es flecha que

encuentra sin

buscar torrente de alegría y alto sube al cielo y

perfora

las nubes y vive en el cielo y todos sus

misterios que

así dejan de serlo y para él se tornan pura

sabiduría.

Y al regreso enraíza más hondo que cualquiera

en cotidianeidad.

Eso es espíritu. Libre y libertador. Espíritu es

intuición

que se adelanta rauda y sabe la verdad

aunque

nada lo indique ni pistas se diseñen. Por ello

espíritu

ya sabe lo que será el otro por más que se lo

niegue

y es gran pesadilla para el malo siempre y lo

saca de

quicio –bueno, es un decir- y frenético pone.

Así

comienza serie, de dos, negra obsesión, de los

que

la promesa ya instala en desgana y pereza

supina

con lo cual ábrese otro abismo que se llama

ATAJO

y de muy perezosos es manía de siempre. Porque ya

el ser tonto te hace repugnar del esfuerzo y

tristeza

del tiempo que transcurre entre anhelar algo y

lograrlo

por siempre. De tontos es perderse cada

rincón,

cada recodo, cada espera, es decir los parteros

del

Ser que, por eterno, no tolera impaciencia. Más éste

feneció en sociópata siempre y, laboriosa, más

resurrección se impone de ahora en adelante

para reanimarlo. Y lo que es peor, resurrección y

por sí mismo, nunca jamás por otro, pues sería

exorcismo,

o sea, ingenuidad colaboracionista con honda

necedad.

Así que, ya lo vemos, al que quiera evitar

el tiempo, éste por inmortal siempre se multiplica

para hacer menos necios y más desarrollados que

amen saborear el total recorrido y olvidarse

de sí

ocupados del Todo.

Para así encontrarse y conocer por siempre y

de

todas las formas la gama inteligente que en

claridad se ofrece para llevarte hondo hacia

la omnisciencia, puerta de acceso siempre de la

Inmortalidad. Y por siempre sellada en los

muertos

en vida a quienes les da pereza vivir entre los

vivos,

ser fuente de sorpresas y alegrías todas. Todo

esto

se pierde el que elige el imbécil superado con

creces

pues así apelaban al síndrome de Down que

afecta

a almas puras y por tanto muy listas ya que no han

elegido optar por no nacer porque enfermos estaban

y placer no negaban de optar por el más largo camino

sin atajos, es decir, con sensibilidad y clara inteligencia.

Estos jamás serán pobres de espíritu.

Así que esta serie, de dos y solamente, es la única

que a pulso merece ser tenida por imbécil sin causa,

aunque esférico sí, eso sí es verdad.

Examinemos ya este séptimo imbécil que
energía

perdió hasta para engañar y currarse la vida. Y

se cree más egregio que su Dios que sólo
descansó

en el séptimo día después de toda obra. Y lo

primero será no tragarse mentiras: no es por
comodidad

sino por apatía. Pues el que desprendió de sí
las vigas

todas de su propio palacio, y prohibiose la
Estrella

Primigenia y dual de ser hombre y mujer por

Dios mismo

Creados que jamás macho y hembra,
instalados por

siempre en el jardín de Edén; y arrancó de sí toda

oportunidad de instalarse un día en Radio Unificador, otra

Mega Estructura, sagrada ésta, a la cual sólo acceden los

Seres muy crecidos, pierde ahora, y por siempre esos

Haces Centrantes que nuestros seis amigos de la

saga valiente cantan en Plenitud y que representan

esposos celestiales felices en la tierra, y sólo reservados a maestros de arcángeles.

Y además de eso

ni una emoción es decir energía es preservada

en él.

Así que no nos venga que es por gran listura que

no quiere moverse sino por impotencia total y

progresiva pues ya nada le queda y por voluntad

propia. Dicho lo cual, de veras es que buscar

atajos es manía de necios pero ya no sorprende

de ellos que así sea ¿o sí? Porque si alguien

excepto por él mismo en su evangelio maldito

donde acusa a Jesús de haber suplicado a él,

mejor amigo de así sacrificarse y así ayudarlo

y subirlo al cielo ¿quién podría decir que Judas

Iscariote es amigo ideal con quien todos

soñamos?

Pues este es nuestro hombre. El que al propio Jesús

acusó de ser grande y vendió por tres lochas a su gran

enemigo convertido en alumno pues sólo Acusador.

DELATOR es su nombre en el libro de malos.

Y es especialista

en jamás contentarse como el anterior con acusar

la luz y toda la belleza de ser causa del mal. Antes bien

él prefiere delatar por lo inmenso y lo que lo supera

y que nunca será. Pues Delator no es aquél que denunciara

cual profeta, el mal. No, él denuncia el bien y

busca para

hacerlo a la gente más gris, más insignificante,

la que

al cambio teme y ávida ya es de gran

inmovilismo a la

que llama paz, pero de cementerios.

Vale decir que ahora el mal bien necesita de

colaboración por parte de terceros que flirtean

con él creyendo no quemarse y buscar mayoría

en los que se autonombran siempre los bien

pensantes. ¡Si a eso se llama pensar! Así, tal

como

Judas ya nos mostró a todos, él irá observando

y maquinando siempre el cómo apoyarse en

miedos

siempre falsos a la genialidad y a toda grandeza

y aún más libertad. Y no le faltan anclas donde

amarrar su barco eso sí es verdad. Más que a nadie

engañe y malo es también diluirlo en la gente y en

su pequeñez, pues a eso él trata.

Que lo sepamos:

ante todo

el Delator maestro de la culpa es y para siempre

y hace de nosotros vil colaborador para colorear

de gris su negra culpa y echarla a nosotros. Pues

verdad es que discípulos, y santos y muy

sacrificados

renegaron de aquél en quien a Dios veían por

espíritu inmenso, mas

fue por corto tiempo y su vida entregaron con

paz

y alegría para seguir sus pasos y conseguir

perdón

de sus propias conciencias.

Mas el vil Delator hizo algo peor para sembrar

la duda y expandir nube gris que lo disimulara:

y es chantajear con suicidio a quien muerte

traía

pues es lo que quería y eso solamente. Y

además

cumplirlo ahorcándose solo como si su conciencia

así se lo dictara y sí se arrepintiera. Y eso no es cierto.

Un Delator lo hace y por dos gran motivos: uno y principal

desafiar a Dios muriendo de su mano en vez de por su

ley de inmortalidad y dos y mismamente entrar en la

historia para siempre jamás de mano de Su hijo -así

lo denunció con el nombre Mesías oriundo de David-

que rezando por él así rindió el espíritu que tanto

envidió y se lo llevó al cielo -al menos él creía-

para así

de más cerca dañar al Padre nuestro, tal era su

intención

diciéndole con sorna :"¡Aquí tienes tu hijo!".

Pues si bien es verdad que el mal en rigor no

tiene

vil problema ¿porque cómo llamarlo? con

criatura

alguna sino con Creador, el imbécil a quien ya

no

le queda nada es por todo conciente que su

problema

es Dios. Mas no nos engañemos tampoco por

allí.

No

se trata ni nunca así se tratará de invertida manera

de rezar ciertamente. Ni de aristocracia que sólo trato

tiene con el Rey de los reyes. No es eso. Es tan sólo

que, antes de perderse, y para siempre, la conciencia

total, sólo raíz y origen tiene, y eso es sólo Dios.

Mas él ni caso hace. Antes bien evidencia el fondo

de su ser que es de odiar a Dios. Por no haberle

dado a él Su trono y más aún que eso por no irse

jamás de cualquier rinconcito sólo por Él creado

que en obsesión entonces para él se convierte.

Y ya el imbécil logra, por gran despeñadero empezar

el circuito del regreso imposible, al menos inducido

y que sólo por sí y sin pereza alguna ha de rectificarse

porque el orden es este y por ello muy grande.

A partir de este ahora, que ya ni ojos tiene, ya no

importará ni en modo más leve la persona que sea

pues ya no hay tabúes. Que ésta sea hijo, madre, hermano

o maestro, negro o blanco tampoco jamás importará.

Lo único que importa, eso es espíritu, es el grado de luz.

Si hay luz es que es malo y en todo su blanco para

difamar siempre y tenerlo enfilado para con gran inercia

esperar a que surjan miedos a lo bueno siempre

entre sus seguidores y más admiradores. E inducir

en Acusador y colaborador sembrar la duda negra

para esperar momento del triunfo cercano y un

complot urdir para mojar a muchos y buenos si

posible y denunciar así de pecar por exceso al

más grande de todos y al más amoroso y al más

inocente a quien sacrificar por chusma

delirante.

Y si bien su alumno se llama Vacuidad

estaremos de acuerdo en bautizarlo a él

espíritu de la mierda y ésta nos perdone

de así comparar un abono real con el DELATOR

a quien hay que nombrar VENTOSIDAD ESFÉRICA

y la muy maloliente y aún más que fugaz

afortunadamente.

-9-

Ejecutador arrinconado

Y veamos ahora y muy rápidamente a este

su maestro y octavo de serie que ya por

importante da en sacar de sí el mismísimo

Centro que el necio primero –el Magnetizador-

decidió ocupar al creerse Narciso. Porque no

queda

más ninguna estructura que arrancar de sí.

Y aun así no muere, tal es el gran prodigio de

esta Creación que todo nos lo da para optar

y en cada momento si cultivar en nos tesoros

inauditos o jugar a ser Dios y torcer Su

designio.

Este, por no quedar de sí nada de nada, cae en

el

estupor y en la narcolepsia ante toda grandeza

y

no entiende nada de lo que se le diga salvo si

se

tratara de maquinar su rol de buen chico y

servicial

con todos presto en ayudar más sólo a

poderosos

a quien cobrarles mil por cada favor uno que

por

lo demás impone tercamente con el único fin

de ser

indispensable siempre y cuando testigos hayan por

doquier para él recordar a quien lo necesite que sin

él nada sería igual.

Este fue quien ilustró el principio

de Peter pues todo lo que toca lo hace chapucero mas

todos lo tendrán por el buen chico gris sin el cual cada

cual se sentiría culpable de disfrutar a gusto sin sus

siempre horteradas y sus ordinarieces. Y todos se lo calan

deseando mejor renunciar a vivir que de verle la cara

pues para pelma él y siempre tan afín como

cabello que

cayera en la sopa.

Aunque visto de cerca y con gente

humilde de quien nada tendría que sacar por

su cuenta

fama de gran maligno y desconsiderado y

también de

muy sádico tiene establecida.

Pero al observarlo –y para ello ahogar el

bostezo- veremos

varias cosas todas indicios claros de lo

contradictorio. Y

para empezar podemos preguntarnos qué

hace un tipejo

que odia con fervor lo sagrado y lo grande apuntándose

una y persistentemente a escuchar con aire de embeleso

siempre a los más grandes y espíritus egregios para cultivar

su fama de formar parte de lo granado. También cabría

preguntarse tal vez qué clase de amigo es aquél que sólo

espera y con sumo disfrute que esté el amigo en pena o

con un gran problema para hacerse presente y agitarse

al lado haciéndose el que ayuda. Ese mismo sujeto

será el que jamás se preste a celebrar nada

bueno

ni grande que festejar se pueda y que ante

alegría

pone cara de pena deseando el mal para

hacerse

cercano.

¡Qué cenizo! dirán los que tienen un dedo

y no digamos dos de frente y sensatez. Mas al

que

confundir quiere, pues se especializa, ni cuenta

se

dará de tanta incongruencia pues para él

habrá racha

de gran desgracia desde que el sujeto entrara

en la su

vida que concibe volcada en honda gratitud para con

ese amigo que siempre está allí cuando no van las

cosas, sin hacer relación con que esto empezó al día

de tenerlo entre sus semejantes. Tampoco relación

hará con lo insólito de verse traicionado y muy

abandonado por gente que creía incondicional suya

desde que el tal sujeto entrara en la su vida

jugando lotería con ojo lagrimeante de compasión profunda.

¿Mas qué espera éste cual búho obsesionado? Pues

paciente parece todo hay que decirlo, mas sólo lo

parece porque está en verdad muy catatónico y lacio

que no quede. Espera. Sólo espera situándose cerca

de todo lo mayor y egregio también a que un Acusador

haga su vil trabajo y que un Delator lo traiga maniatado

para él condenarlo lavándose las manos pues consultando

él democráticamente a los que sabe idólatras y ebrios

de eventos que les haga olvidar el sopor de sus vidas

en las que nada pasa.

Así, nadie lo olvida, ese Poncio Pilatos que se

lavó

las manos al consultar a la chusma ebria de

sangre

siempre y mandó al suplicio y a crucifixión al

que

en su fuero interno sabía el Mesías.

Mas los evangelios no cuentan en verdad que

él

lo armó todo con dos de sus compinches para

ejecutar

cual verdugo sin paga al mejor de los genios.

Pues el verdugo tiene escalofriante misión de

ejecutar

a los malos. Mas a éste sólo le interesa y con

honda

paciencia, seguir la pista de lo más granado y

luminoso

para urdir su muerte cual ajusticiamiento que

ni siquiera

admite perpetrarse por él sino siempre y que

conste

por la su propia mano. Eso es orgasmo y

terminal

para ese canalla ya no imbécil siquiera que así

suspirar podrá sobre la tumba de aquél que

dijo

querer acompañar y consolar también dándole

santa

muerte que convirtió en alivio de mano tan

amiga.

Tras lo cual ya irá en noche sin su luna a

desenterrar

huesos de ese santo y venderlos en urnas para

que

lo veneren y recuerden por siempre. Y él se

encargará

de hacer promoción para el su negocio con

suspiros

sin fin para partir el alma. Y él consentirá en

vender

cada hueso como en gran sacrificio como si al

desprenderse de éste su tesoro le arrancaran

alma

a la que sacrifica por el culto de aquél a quien

asesinó

vil y cobardemente.

Y si no consiguiera nada de lo anterior iría a un

sicario

o a un mercenario para ajusticiar con pago a

quien

odiara

a muerte por el único crimen de ser grande y

cercano

y de él compadecerse y tenerlo en su gente

mas haber

visto el pelo y empujado fuera.

Y que decir de él ahora al bostezar además de

afirmar que aquí se tratara de PERVERSIDAD

ESFÉRICA por entero gratuita pues ni siquiera

saca de su anonimato. Mutis y nada más.

También tiene una fama de enemigo de mujer

si

es hombre y de hombre si mujer es por gran

desventura.

Y algunos, no pocos, dirán que es hombre de

meretrices

y de negocios raros y de pasado turbio y más

que

otra cosa que no se le conocen amigos de la

infancia

que de él den testimonio.

Y también se conoce lo cobarde que es y cómo

lo

disfraza de sutileza y consideración a la hora

de

dar respuesta de justicia. También va de

pragmático

mientras la lotería y azar colecciona y ningún

pensamiento jamás se ha percibido de cabeza

tan vacua pero que aprueba siempre al último

que

habla. Mas todos que lo tratan podrían recordar

que les ha extrañado no una sino siempre de

tan

inofensivo y tranquilo amiguito el gran ensañamiento

que muestra al enemigo y

también

que enemigo es todo aquél ausente que no dio

en

apoyarlo cuando algo pidió o algo reclamó

aunque

sea muy necio e insignificante de lo que se

trató. Y

no ceja en su empeño hasta dar por sentado que

todos sus cercanos con él se han aliado ¡más qué él,

nada de eso! contra el otro se arman.

Mas lo espeluznante de todo lo contado no es lo

anterior sino lo que aquí sigue: él va de compasión

y ardiente si fuera. Su máscara de ángel, de la muerte

sin duda, se empeña en persuadir y de todas maneras

que concebir se pueda que lo grande a los cielos y al

más allá pertenecen y que está aquí para cumplir

con ello y no abandonarte jamás de los jamases

hasta oficiar tu entierro en gran fosa común. Mientras

jura encargarse, heredero y custodio de tus obras y bienes

con ávidas manos retorcidas de gozo.

Así que anhela siempre y con obstinación

jugar al Sancho Panza y decirte Quijote mientras

tras tus espaldas va sembrando en ti, y más lejos

de ti, reputación de loco que a él le ha caído en desgracia

cuidar y dar cara por ti, así hace añicos con sus

ve

y diretes toda fiabilidad en entorno lejano y

cercano

aún más pues transmite lo ajeno con gran

desolación

para hacerte creer que sólo con él cuentas. Y

su gran

sueño es llevarte a la su casa, como gran

secuestrado

a quien da en cuidar y como emisario cumplir

tus

encomiendas la mar de servicial cortándote de

todos.

Y cuando logra al fin y tú ves con horror que

razón

tambalea pues todos los que eran tuyos traicionan de

uno en uno y se apartan de ti, él te arrinconará dentro

de la su casa en la que gran festejos y gran normalidad

reina en contra de ti. Hasta que un buen día, sintiéndote

perdido y sobrando en todos lugares y ensueños te

convenza también que Dios te abandonó así como

lo hizo este mundo al que tú no quieres dejar en paz

y con gran exigencia te empeñas en cambiar. Y para

coronar   sus esfuerzos nutridos se prestará también, cual

ángel de la muerte y no permitir nunca, por haber sido

siempre único en valorarte, en ofrecerte sí, y con gran sacrificio,

morir por la su mano

y muy agradecido de descansar al fin de ti y de este

mundo. Y ese asesinato cósmico si lo hubiera lo llamará

eutanasia.

-10-

Negador: Satanás despechado

Al fin llega aquél que todos presentaron como ángel caído y todo poderoso príncipe del mal, tentación y mentira. De nombre Satanás. Que sólo en un peldaño supera en maldad o sea en necedad al anterior compadre. Pues en estos sujetos

hay una escalerilla que no escala en obtuso y nunca creador

en la que cada cual supera al anterior y se convierte

en jefe que será traicionado porque siempre
envidiado

y jamás admirado según deontología de esos
sin amor

y sin inteligencia.

Así de mal en mal llegamos sin sorpresa a
aquél

que todos temen porque no lo conocen, de
nombre

Satanás lo que es muy rimbombante pues en la
intimidad

se llamará así: Negador nada más, y uno entre
muchos

pues nada es en verdad porque todo lo niega
para afirmarse

él. Más como él no es nada, nada puede
afirmar y el tiempo

de un suspiro tarda en estallar y dejar puesto a otro que

a él lo supere aunque sea un poco en siniestra maldad.

Porque, como ya vimos, nada queda de nada en ese

ser creado lo quiera él o no por nuestro Creador.

En los seres normales es decir obedientes a lo que

les supera hay miles de recursos instalados en sí para

que algún día y con gran crecimiento superen la su

talla y alcancen las estrellas en dicha y

felicidad

dejando gran estela de su paso por tierra. Así

descubrirá uno de los tres ejes y su viga

maestra

de lo disponible de él y para él. Lo que el

Magnetizador

sacó y para siempre.

Y luego otra viga

de lo siempre existente en él y para él. Lo que

el Asesinador

mató en sí sin más.

Y al fin una más

de lo presente siempre en sí y para sí. Lo que el

Satanizador

convirtió en ausencia siempre y muy total.

Pero el que es bueno, hombre o mujer, no importa,

sabrá que la anterior secuencia ya lo hacía amigo

y cuidador sutil de la naturaleza y que sus bellas vigas

ya lo capacitaron para domar en sí al animal alado

y lo convierte en ángel pero en esta tierra sin esperar

la muerte y gran evolución de mejora en el cielo.

Y cuando ya creía que no había más y arrostró la muerte

y también la locura sin moverse jamás de su amor por

Dios y por ende Su obra, descubre en sí

siempre lo hacedor

del genio, la Estrella Primigenia en la que

encontrará en

sutil armonía perfecta comunión entre su yo

de hombre

y su yo de mujer y será el edén en uno y

humano creando

obra inmortal pero también eterna.

Lo que el Burlador sacó de sí con asco

superando

al compinche y Usurpador que dio y a estas

alturas

en desconectar Secuencia y con ella su propia

naturaleza.

Y cuando ya creía que

todo lo tenía, todo surge en él, lo sagrado y el templo en

sí hecho de sutileza y de enorme respeto por el Centro

Vacío que todo ser humano preservará en sí para

tenerlo todo y recibirlo todo y permanentemente.

Radio Unificador

es dicha estructura y todos la perciben en su paz

y armonía. Lo que el Acusador sacó de sí sacándose

a sí mismo en mirada de Dios.

Y cuando ya creía que ya todo lo era y

más de lo esperado se abre en él los Haces,

Centrantes

se los llaman, que lo elevarán al dialogo por

siempre

con el otro como toda y permanente Creación

de Dios

haciéndose a sí misma porque todo lo tiene y

nunca

parará de ser y de crecer. Lo que el Delator se

prohibió

para siempre y para eternidad.

Y cuando ya creía

dedicarse a sólo gratitud por lo que guarda en

sí y por

Quien se lo dio, ábrense siete mundos de

esplendor y

gloria y las seis dimensiones que creía tan sólo a su

Dios reservadas y esperaban por él desde la eternidad.

Eso es un ser humano que ama el su orden y se empeña

en buscarlo en autenticidad y con inteligencia. Lo que

jamás será el Ejecutador aunque se ponga a ello sin

tregua ni memoria.

Mas ellos, desde siempre subieron orgullo falso

de tenerlo ya todo sin esfuerzo alguno y sin gratitud

nada pero peor que eso en contra de los otros y

negando evidencia más allá de necedad o de

imbecilidad.

Y empezó la bajada en sistema ordenado lo

quieran

o lo nieguen porque el orden se cumple y así

se demuestra

o se niega y así se demuestra aún más como

ineluctable

siempre maravilloso que negar jamás puede ni

siquiera

el imbécil.

Así, como ya vimos, los cuatro y primeros se

aliaron

para destrozar en sí mismos el Ser que siempre

crea

en genio y también crece y al cual admirar y

seguir

se pudiere. Magnetizador y el su narcisismo,

Asesinador

y su soberbia siempre, Satanizador y su envidia

más y

así se han cargado en sí todo su Ser y con él la

tensión

hacia el crecimiento y la superación y también

es verdad

toda la admiración por lo que nos supera y así

nos estimula

para vernos mejor y seguir hacia arriba.

Luego llegaron ya enemigos del alma que

arrancaron

de sí aullado ante el espejo del suyo corazón: empezó

con ahínco en su resentimiento el necio Usurpador seguido

de muy cerca por triste Burlador y su cinismo siempre

al que supera siempre Acusador y así prometido de la muerte.

Y feneció el alma sin pena y menos gloria en la perversidad.

Luego y ya lo vimos coronaron la obra negando el espíritu

que arrancaron de sí como imbécil grande el Delator que

es un renegado tonto y su inseparable perverso Ejecutador.

Y ya no quedó nada de espíritu en ellos, al menos así creen

por ser muy meritorios y más que persistentes en su odio

a Dios.

Así cerrose en ellos todo acceso a todas y las tres de las

vigas maestras en primer trío necio. Luego secuencia y

su cono de luz así como Estrella y también Radio sacro

en el siniestro trío enemigo del alma.

Y al fin los sus Haces cerrados para siempre y su Centro

negado en pareja asesina de espíritu e infinita vida.

Y ya nada quedó de lo eternamente y

ordenadamente

disponible en sí mismos. Y así alcanzaron y

tocaron el fondo

del abismo de sí y murió para siempre toda

resurrección

al menos ayudada.

¿Entonces qué le queda al que superarlos en

maldad

y en mal desee para sí y más contra su Dios?

Alguien

inteligente diría que ya nada salvo dar marcha

atrás

si posibilidad fuere abierta para él en gran

misericordia

de su Dios Creador. Pero inteligencia feneció en paso uno

y se fue agravando en siete abismos más. Así que siendo

que lo que Es, es, lo queramos o no y pasando de necio

a cretino por siempre y de éste a imbécil no habrá que

buscar en honda inteligencia las claves del enigma mas

en brutalidad por más que pareciera imposible total.

Y así es, amigos. Ya que en el ser no hay reserva para más

y fiel al método suyo y a su narcisismo que inició la serie de imbecilidad en cadena perpetua éste hará lo

más

inconcebible siempre por clara inteligencia y

obtusa

también puesto a elucubrar lo que ningún

infante

se atreviera a pensar por no pasar por tonto de

remate:

"Ya que nada me queda y de empeño en

empeño aterrizo

en mi motivación más honda: el conflicto con

Dios y mi

odio a Él ¡voy a desconectarlo a Él y así

ocuparé su puesto

entre todos los hombres o al menos ante mí!"

dice esa

lumbrera y pasa a la acción al menos así cree y como

en sí no encuentra ni rastro ni memoria de lo que nadie

tiene ni lo que nadie es pues Dios no está en nosotros

aunque los gurús digan demagógicamente que sí porque

poder y engaño desean y pecan por locura como vil

consecuencia, encuentra nuestro hombre   - hombre es

un decir- que basta con negarlo para que se esfume

como si de pesadilla se tratara no más.

Esto vendría a ser —oh rey de inteligencia ...-

salvando

las distancias infranqueables por siempre que

nos separan

de Él, como si un triste feto de un día de

gestado decidiera

negar la existencia de madre y de padre

también y en sus

genes todos y negara por siempre seguir

obedeciendo al

orden de lo creado. Tal vez algún fetillo y loco

de remate

decida hacer lo mismo mas ¿quién cuenta se

diere ni siquiera

la madre? tendría otras reglas y pasaría sin

más a desayunar

vivir y cocinar como siempre lo hiciera. Y esa reacción en

verdad debería suscitar Negador porque así él se llama

en el catálogo de rebajas del ser que a sí se pierde.

Pues sí, él niega todo. Lo grande y lo no grande, no es muy

selectivo pero sí irritante en sacarnos de quicio si considerar

fuera obligación de responder a su triste manía y empeño

en negar lo que salta a la vista. Y lo peor de todo es que

es un apático maníaco en preguntar y lo hace por siempre

y en todo lugar y más en Internet y en

enciclopedia ¿para

hacer creer que es inteligente o curioso al

menos? No, sólo

para saber a qué decir que no y negar lo que

todos

los seres de la tierra que no son negadores sí

habrán

encontrado. Pues de la su cabeza, vacía de

solemnidad

ni un triste pensar y menos aún respuesta

podría salir

jamás. Mas si con risa clara y con hondo

silencio viéramos

su demencia, ya no imbecilidad, todo sería paz

y él estallaría

pues NADA ESFÉRICA es siempre y total, y muy vocacional.

Pues con decir y siempre de manera obstinada que donde

hay, no hay, que lo que es no lo es y lo que está no está, bastará

y sobrará para ser Satanás. ¿Sólo eso? Así es. Pues hay que

ser demente para desenchufar de sí y hasta del cielo lo que

habrá por siempre, lo que sólo existe y lo que estará siempre

y creer que poder es el suyo de hacerlo y de lograrlo. Sólo

adormecerá y luego atrofiará sus propios seis sentidos.

Por eso es insensible y apático aún más y su carne se torna

fofa y temblorosa como la de una rata sin espina dorsal

y como ella gris y de hondo silencio que acecha la vida

sólo para negarla. Mas la rata está viva y tiene sus querencias

y el es sólo muerte que te culpa encima de hacer eso de él

en cuanto no respondes a maníacas preguntas una y otra vez.

Mas la rata es lista y sabe encontrar con qué alimentarse

y él está allí siempre negando el alimento mientras mastica

triste tus células ya grises del contacto con él.

¿Banalidad del mal? Y claro. Naturalmente, ya
que es necedad.

Mas gastemos, pues pura pérdida es, un poco
más de tiempo
en aprender por siempre en detectar y
entender la mente
de ese insano que hasta vil gusano supera en
años luz
en honda inteligencia y en grande decencia.

Así nada hay que hacer cree este sujeto: yo lo
niego y con él
y sin mayúsculas anulo lo que es lo que tiene y
hace. Y quedo
por encima y emberrenchino a él. Y se llena de
júbilo

al ver que no se muere y que Dios no se mueve

ni reacciona a él. Y dice "lo maté, así es de

sensible ese

necio de Dios que sólo existía de mi

reconocimiento". Y cada

día que pasa se lo repite más y cada día más

niega

toda obviedad en sí y en el otro. Niega toda

grandeza

mas también la bajeza y lo nivela todo como

está mandado

en electroencefalograma en lo absoluto plano.

Y aburre

a las ostras que bostezan a coro. Más él se

aburre más.

Pues ya nada se mueve en sí pues nada queda

y lo poco

que queda muere de estancamiento al negárselo todo.

Así pues, en el cielo que brilla y en tierra que bebe, Satanás

inmortal dura el tiempo de un chicle, eso por pegajoso.

Y *así* desaparece de memoria de todos y también de la suya

y deja a otro malo y Ejecutador el suyo puesto que por

la velocidad en que tarda en dejarse arrancar por el que

por energía dura como un latido que ya es estertor postula

en hacerlo, parece ser el mismo y por ende inmortal.

Tal es velocidad en que tarda en morir y
desaparecer y estallar

por siempre esa NADA ESFÉRICA que podría
engañar y dejarnos

creer que es inamovible. Satanás dura un día y
eso como mucho

y ocupa el trono de humo gris por turno el más
malo del día.

Más quien deja su trono a la nada se va y
jamás se regresa. Y así

termina ya el mito de Satanás que ni rey que ni
muerto pues

sólo ha de morir lo que vida conserva. Y ángel
desde luego

jamás ha sido ni fue, pues para ser un ángel
menester es

secuencia y tres vigas y estrella como fuente de amor y de

lealtad siempre por encima de sí y al servicio del orden.

Lo que dominó en él fue siempre el DESPECHO. Despecho

de creer que sólo él hubiera merecido ser Él. Así que, cuando

se lo termina de creer, estalla simplemente y se esfuma en la

nada y como a ella niega esfumándose en ella, tampoco nada

es.

Y fiel a su designio

logró en su fantasía pasar de necio a loco.

Pues lo único y definitivamente que cambió al ser

demente fue que el yo–soy-tú, ahora es yo-soy-él. Pero

como de lo que trata es de negarlo a Él, cada día

más loco y aún más impotente nada de nada es.

Puesto que cada vez que ahora dice yo, se niega,

y nada es. ¿Nada? Aún hay uno

y más loco que él.

-11-

Destructor destrozado

Así que, ya lo vemos del Negador Satán pues

es sinónimo

ya nada queda ya salvo su gran demencia que

en cada

negación se ahonda más y más. ¿Pues quien

puede negar

lo que está en todo? sólo ese demente que no

puede acallar

un pequeño latido de sobresalto suyo cuando

sorprende en

mirada de niño o de sabio –en eso son lo

mismo- ese

conocimiento que un día verá en ojos del Gran

Padre

con espanto por él y honda compasión por

todo lo

perdido

y más aún

que nada por todo lo que a él lo espera en

sufrimiento

cuando en algún día dentro de eternidad dé

en ser menos

necio y darse cuenta ya que de lo inmortal no

cabe esperar

ni muerte ni olvido, que de lo eterno imposible

negar

puesto que existe siempre y que de lo infinito

no hay

aburrimiento que quepa en lo que siempre

está haga

lo que se haga. Así, cuando ve éste una mirada

igual

que le dice sé quien eres y a ningún lado vas y

doble

trabajo tienes: desandar el camino y volver a

andarlo

en orden y rectitud lo quieras tú o no porque

lo que es

está sin posibilidad de negarlo en nada, el

demente

tiene un último y definitivo sobresalto en su

empecinado

odio a su Creador. ¡Desconectar después de a

Él, a toda

Creación Suya!

Sí, puestos a delirar mejor en rueda libre pues

sólo

poder se tiene en destrozar obra propia y

nunca la

ajena porque al ser creada existió en la mente

de

quien la haya creado y también no dudemos

de quien

la haya admirado. Y si admirada ha sido por su

propio

creador, ya por el simple hecho surgió en él

mejora y

así obra nueva presta a sorprenderlo y

sorprendernos

todos con más eternidad. Porque el bien es

bien y por

ello infinito y siempre va a más. Mientras que

en necedad

todo es cortedad y por ende finito diez malos

nada más

y cada vez más necios como esencia innegable.

Este es entonces, lo vemos sin reír

esforzándonos mucho

el amo de Satanás y su meta final y de este

hablaron en

el Apocalipsis y La Bestia llamaron sin sentido

de humor

porque no seas bestia se dice a los tontos

empeñados

en serlo como gran vocación. Este entonces no

sólo es

despecho sino también DESPRECIO de toda

inteligencia

y de toda bondad y se hace demencia

metafísica ya

insensible por siempre y por siempre

empeñado de

descansar de sí en una risotada en el momento

justo

de –por imaginar imposible no quede- hacer

saltar

por aires toda la creación en total destrucción

y quedarse

él solo

antes de suprimirse ya de aburrimiento por

haberlo

logrado.

Penetremos ahora y con gran repugnancia en

mente

demencial a ver si es posible que llegue a su

objetivo.

Y veremos entonces que sólo habrá logrado

demostrar

que Dios ES y en todo perfecto y nada hay que

hacer

cuando la perfección supera en toda eternidad

al concepto

en sí. Porque seamos breves por no pecar de

necios:

aun si lograría hacerse con poder y armas muy

letales

capaces de lograr la destrucción del mundo si

sólo una

estrella se riera en el cielo todo estaría hecho

mejor que

lo de antes. Imposible pararlo. Si hubiese una

nube muy

radioactiva es cierto y polvo esto sería materia

de ser

mejor que el Adán y nuestro.

Por no hablar con necios de lo obvio total y de

lo

Inmortal nacido de Inmanencia y de lo Ubicuo

todo

nacido de lo Astral ni menos de infinito hijo de

Eternidad.

Mas poniéndose sólo a su propio nivel cuando está

dormido soñará con sí mismo y espanto tendrá pues

nada hay peor. Así que ya sabrá que una vez ya muerto

será eso también: **conciencia inmortal totalmente conciente**

de todo lo ya hecho y también de que todo ha de ser

recreado en total libertad por sí mismo y que eso también

está en él porque su Creador se hizo a sí mismo y por

siempre nos deja el cómo reconstruir lo por Él concebido

mientras los que se van en paz y armonía están

con Él

por siempre y cada

día más. Y mientras no decida rehacer de la

nada lo por sí

destruido seguirá en conciencia sabiendo que

eso sólo

dejó para sí mismo con la eternidad delante

para redecidir

y fabricarse en diez interminables procesos lo

que cualquier

vecino disfruta en libertad y en inmensidad

cada vez más

inmensa.

Así termina el ciclo de la necedad toda, que

empieza

con nada usurpando su centro y se centra en

la nada

que termina alcanzando más sin dejar de ser

entonces

ese aullido de no poder hacer nada de esa

nada pues

en todo está Él .

Y ese es el castigo que, siendo obra de Él es

también

recompensa. Pues si todo te ha dado y todo

destruiste

en tu memoria está para ser recreado y hasta

Él llevado

y sólo se lo pierde el que postergue ello. Mas

sin olvido

nunca y habrá de recordar, en cada "no", el

todo.

-12-

Y una vez vista la necedad …

Tradicional psiquiatría dice que no hay remedio

ni aún menos tratamiento contra la sociopatía. Mas

no es nuestro caso ciertamente y una vez diagnosticado

y una y otra vez analizado y en todo verificado

la existencia y la naturaleza de la sociopatía en sus diez

gradaciones de malo a peor podemos

proponer

una aproximación

a lo que se ha de hacer en uno y todos casos.

Pero es igualmente ahora necesario darse

cuenta

de que ellos, esos diez monstruos, necios mas

monstruosos, están en sus familias y

organizaciones

amparados por, como es de rigor, sus propias

víctimas que están desnortadas y grande

devoción

les profesan a todos. Devoción inexistente en

verdad

que sólo oculta al mundo tremenda y pavorosa

incomprensión ante la necedad. Y eso es bondad.

Por lo tanto esencial y en todo condición es que

se abra conciencia de la existencia y fatal desempeño

de esos criminales que también son enfermos mas

proyectivos siempre que nos pasan sus y siempre

elegidas enfermedades ya sea ésta locura, transexualidad,

cáncer o bien infarto o trastorno mental, o suicidio al fin

que nos pasa así con ese desparpajo del yo-soy-tú

pero disimulado entre tópicos todos que nos gusta

tragarnos para comodidad de no estar buscando

lo excepcional siempre y lo innovador en todos los

momentos.

¡Mas estaría bueno que el necio se anote

el ser piedra de toque de lo grande e inmenso! Y también

presumir que sólo alguien grande pudiera confrontarlo.

Ellos, y quedó claro, sólo buscan apoyo en debilidad

nuestra y en nuestros errores, porque en la grandeza

jamás pudo apoyarse tamaña necedad sin caer en

abismo y siempre despeñarse.

En suma que como todo tratamiento de mente

y de razón, sin colaboración del entorno afectado

mejor no intentarlo porque en guerra santa irían

contra ti todas sus víctimas y con inmenso olfato

todo aquél que en su entorno tenga a tales necios

de pila y no quiera ni verlo ni saberlo ni oírlo

y prefiera la muerte y la enfermedad y el
divorcio

siempre –consigo mismo al menos- a enfrentar

con risa y con ira también

la verdad al desnudo. De esos ni hablamos
pues

no se lo merecen.

Es para quien insista en saber

qué hacer con tamaña alimaña ni quiera ya
dormir

rodeado de ratas que damos tratamiento y
efectivo

siempre sobre qué se ha de hacer ante esos
perversos.

Primero y ante todo diagnosticarlos siempre

y comprobar también con honda honestidad

la conducta descrita en este libro útil.

Una vez comprobado buscar en alguien otro

sinceridad y también valor alto para ratificar

tu visión del sujeto. Y si coinciden ambos

entonces

empezar por este tratamiento:

Lo primero y más útil es lo general siempre

que se ha de practicar con todo ser humano

de más de cinco años y es no permitir que te

use

cual espejo en el que proyectar su conducta

para

tu nombre darle. Jamás de los jamases el mal

irá

a más si cada vez que canta y con qué

desparpajo

el yo-soy-tú, mostrar y con gran energía de

denuncia,

su yo y describirlo como suyo y también dejar

claro

lo que tú eres siempre y prohibirle usarte para

en ti

proyectarse y describir así su necedad y mal en

tu

yo inocente. Eso ya es disuasorio y deja ya muy

claro

que límites sí tienes y muy éticos siempre y que

a cargar con responsabilidad adoras, siempre y

cuando ésta sea la tuya sola. Con esta actitud

ya

nadie

enloquece ni permite que el mal avance hacia

sí

y lo disuade harto. Pues jamás olvidemos que

su

honda pereza les empuje a elegir otros lares

más tontos de idolatría toda para chuparles

sangre.

Y luego, jamás antes, ya puedes darte el lujo

de responder lo justo y lo útil también. Y

de esta manera:

Al Magnetizador ante su orgullo inflado de

crear todo mal en vez de amar y gran

sufrimiento

sentir si dañara lo vivo

confrontarlo con rabia ante cada mentira

ante su yo-soy-tú y más su tú-eres-yo.

Así comprobarás que a ese cobarde lo detiene

indignada voluntad de restablecer verdad.

Al Asesinador con su euforia imparable de

liquidar

la vida en todo lo que vive y alegrarse por ello

bastará que le muestres orgullo verdadero

de adelantarte siempre ante sus tretas burdas

y valoración honda y gran admiración

demuestres

ante él por sus víctimas siempre pues elige

sagaz

los más grandes de su entorno para zapar la

vida.

Al Satanizador habrás de detenerlo a él y a su

envidia mostrado el tuyo amor muy incondicional

por sus víctimas todas que seguro serán las que más

merecida tendrán tu devoción y así comprobarán

que ese amor "sublime" que les demuestra siempre

que elijan lo muerto es sólo el yo-soy-tú que les hace

a ellas.

Al Usurpador necio y su resentimiento habrás de

ignorarlo cuando se manifieste y con gran alegría

y honda admiración felicitar a los más silenciosos

que son y no lo dudes los creadores siempre de
lo
que este necio se empeña en firmar como su
creación.

Al Burlador sin duda y a su gran cinismo
habrás de
oponer miedo por su cortijo pues así nombrará
los por él silenciados que tú defenderás y así
despertarás para que con orgullo se alejen de
su
lado.

Al Acusador y siempre desalmado y su
profanación
de todo espacio limpio habrás de declamar tu
tristeza muy honda por su siempre afligida y

triste víctima que *así consolarás y así ayudarás*

a recomponer ese rompecabezas que ya lo vuelve

sordo pues en cada inocencia, no dudes que bien suya,

se acostumbró a buscar la marca del demonio.

Al Delator muy vil habrás de atravesarlo sin mirarlo

siquiera pues él no existe ya y así manifestarlo

como si no estuviera pues en verdad no es, luego no puede

estar. Y muy por el contrario calificar y con hondo

entusiasmo

la presencia y entidad de sus víctimas que llenarán

tu vida de paz y creación.

Al Ejecutador, crápula si la hubiera, y su estupor

perverso habrás de capturar y encerrar en vitrina

y mostrarlo a todos mientras gran alegría manifiestas

a su acongojada víctima que es siempre el que más

verdad y más luz nos guarda para todos.

Al Negador fugaz que tarda en esfumarse lo que

dura un suspiro y se hunde en la nada para ceder

su puesto a otro Satanás que pretende así hacerse

el inmortal pues por la rapidez del cambio

ni se ve pues nada queda de él, habrás de demostrarle

que en verdad no es nada y dejar que penetre

lo más hondo y total en tu interioridad y mostrar

ante todos que tú ni te inmutas ya, pues lo que no

es nada, nada puede alterar salvo ese hondo asquito

que ya nunca querrá desafiar tampoco pues el tiempo

de aplicar un solo tratamiento ya cuatro Satanás

y con el mismo nombre habrán ya estallado

en tu interioridad. Y despecho habrá muerto.

Al Destructor al fin y a su desprecio mueca que

disfrazar pretende su inexistencia toda, el

poder

de tu risa y de la descripción de su nula

existencia

lo evaporará y muy literalmente para alivio de

todos

y del suyo el primero.

Y cuando todos ellos huyan y así nos revelen

que imitan a esas ratas que no lo dudes ahora

son sus reinas pues en todo superan a quien

desprecia en sí el estatus de humano, verás

sin delación que el sol brillará y se reirá gozoso

de lo limpio del aire.

Entonces ya sabrás que a esa gentuza jamás

hay que prestarle un solo pensamiento porque

solo existen si de ellos te acuerdas. Pero como

no eres

       tonto

          ni menos

             necio,

               ni lo intentarás

pues sería el vacío pensando en el vacío

                   la

suma necedad.

www.ingramcontent.com/pod-product-compliance
Lightning Source LLC
Chambersburg PA
CBHW072040280526
45788CB00006B/2124

* 9 7 8 1 5 3 0 7 0 1 3 4 6 *